毛泽民

中华先烈人物故事汇

主编　张树军
副主编　王相坤
编著　王相坤　丁守卫

学习出版社

目 录

Contents

引 子

说来，真是时势造英雄。如果不是那样一个特殊的时代，如果不是经由哥哥毛泽东犹如“点石成金”般的指引，终其一生，毛泽民都很有可能只是湖南韶山一个遥远的小山村里一位普普通通的农民。纵然再勤劳、再聪明、再节俭，顶多也不过会活成一个日子还算过得有些滋润的乡村小地主或小财东罢了。但就因为生逢那样一个“神州陆沉”“风雨如磐暗故园”的乱世，在哥哥毛泽东的影响和引导下，这位韶山冲的青年农民终于离开了故园，走出了乡村，走向了20世纪初中国如火如荼的革命，并成功地扮演了一位中国“红色财魁”的形象……

不知怎的，每当想到毛泽民，总让人情不自禁地想到澳大利亚女作家考琳·麦卡洛的成名作

《荆棘鸟》中那段著名的独白：

传说有一只鸟，一生只歌唱一次。

它的歌声委婉动听，万物之中无可比拟。

自离巢的那一刻，它就在寻找着，不眠不休，只为寻找那棵属于它的荆棘树。

荆棘树上，它在旁逸横出的荆棘中放声歌唱，至长至锐的尖刺穿透了它的身躯。

生命将尽，它超脱了痛苦，尽情欢唱，那甜美的歌声连云雀夜莺都难以企及。

歌声至美，却是以身殉曲——以一种惨烈的悲壮塑造了永恒的美丽，给人们留下一段悲怆的绝唱。

不用说，毛泽民就如同那样一只神话传说中的“荆棘鸟”。为了救国救民，为了中国革命，他用一生的智慧和忠诚，用自己最为宝贵的鲜血和生命，自离开故乡韶山冲的那一刻，“就在寻找着，不眠不休，只为寻找那棵属于它的荆棘树”，直至以身殉志为国捐躯。以一种惨烈的悲壮，塑造了一个革命者“富贵不能淫”“威武不能屈”的“大我”形象，谱写了一曲感天动地、激励后人爱我中华的英雄壮歌。

毛泽民，1896年4月3日生，湖南湘潭韶山人。1921年参加革命，1922年10月加入中国共产党。1925年2月随兄毛泽东到湘潭、湘乡开展农民运动，同年9月进广州农民运动讲习所学习。随后，毛泽民辗转上海、武汉、天津等地，从事党的秘密工作。

1931年年初，毛泽民进入中央革命根据地，任闽粤赣军区经济部部长。1931年11月，任中华苏维埃共和国临时中央政府银行行长。1933年5月，毛泽民兼任闽赣省苏维埃政府财政部部长，1934年9月兼任国家对外贸易总局局长，领导苏区银行、财政、贸易、工矿等经济工作。1936年2月，毛泽民任中华苏维埃工农民主政府国民经济部部长。

抗日战争爆发后，1938年2月，受党中央派遣，毛泽民化名周彬，与陈潭秋等同志到新疆做统战工作，先后出任新疆省财政厅、民政厅厅长等职。1942年9月17日，毛泽民和陈潭秋等共产党员被反动军阀盛世才逮捕。1943年9月27日，毛泽民被敌人秘密杀害，时年47岁。

01 在那遥远的韶山冲

在南岳山脉绵延横亘的湘中大地，从衡山向北延伸百余公里，至湘潭、湘乡两县交界处，有一座小山，山并不高，却林木葱郁，百鸟啼鸣。山谷间潺潺流淌的溪水汇合成了一条清澈的小河。河并不深，许多地方一眼就能看见长着水草的河底。说来也真的是“山不在高，有仙则名；水不在深，有龙则灵”，就是这样一个山清水秀、风景如画，在南岳山区几乎随处可见的地方，有一座小山村竟然无论在我国古代还是现代都非常有名，而且随着时间的流逝，将会一直流芳百世。

这座小山村有个古老而又非常好听的名字，叫作韶山冲。

说到韶山冲这个名字的来历，还有一个美丽的传说。相传，在远古的时候，有一次舜帝南下，巡视苍梧之野。一天，当他行至湘江与涟水交汇的今湘潭县境内，竟被一片苍松翠竹和潺潺溪水所陶醉。于是，他便在一处背风向阳的山坡地上坐下歇脚，并很自然地吹起了那支他随身携带的长箫，顿时，一曲娓娓动听的《箫韶九成》便悠悠扬扬，飘向了天空。顷刻间，五彩云霞从四面飘来，成百上千的凤凰翩然而至……

从此，这山、这水、这村，便都有了一个极具神话色彩和诗情画意的美名：韶山、韶水、韶山冲。

说来，这座遥远的韶山冲真的是“物华天宝，人杰地灵”。当时间来到了19世纪末，这里竟然孕育和诞生了一位中国历史乃至整个世界史上伟大的人物，而经由他的引导，后来他的妻子、弟弟、弟媳以及妹妹等，都纷纷走上了救国救民的革命道路，且有6位为国捐躯，英勇献身。因而，在中国近、现代史中，他的家庭当之无愧堪称“中国红色第一家庭”。

不用说，这位伟大的人物就是毛泽东。

那是 1893 年的 12 月 26 日，这天，当一轮红日跃出东方的地平线，在万朵云霞中冉冉升起，以它无比灿烂的光辉普照着韶山冲的时候，一个呱呱坠地的婴儿的第一声啼哭一下子便划破了这座遥远的几乎与世隔绝的小山村的宁静。

接生婆在屋内有些惊喜地高喊道："伢子！是个伢子！"此刻，那个正在屋外焦急地徘徊着的名叫毛贻昌（字顺生）的中年男子竟激动得禁不住一阵眩晕；而在屋内，刚才还在疼痛得大声喊叫的名叫文素勤的产妇也禁不住喜极而泣，喃喃说道："阿弥陀佛！"

好消息像一阵风，很快便传遍了整个韶山冲。

闻听此讯，村里的亲朋好友纷纷前来上屋场喝喜酒，在一种喜庆的气氛中，按照毛氏族谱辈序排列，毛顺生给自己的这个儿子取名泽东，字润之。

而之所以取名泽东，是希望自己的儿子长大后能够润泽华夏、泽被东方，这在当时不过是父母的一种美好祝愿罢了，可是，谁曾料想，这一美好的寓意到后来名副其实，变成了令人惊叹、令人仰慕的现实。

由于在毛泽东之前，毛顺生和文素勤夫妻俩所生的两个儿子都在襁褓中夭折了，所以，等毛泽东、毛泽民兄弟俩先后出生后，夫妻俩当时最大的愿望就是他们能够平安活着。因此，毛泽东出生不久，母亲就带着他回娘家唐家坨，到一座石观音庙叩拜一块巨石，并认巨石做干娘，取名叫石三伢子，希望自己的这个儿子命能够像石头一样硬。为了好养活，按照当地的风俗，笃信佛教敬重神灵的文素勤还把儿子毛泽东长年寄养在唐家坨人丁兴旺的娘家，让毛泽东拜自己的七舅妈为干妈。

毛泽东诞生后，又过了 3 年，到了 1896 年的 4 月 3 日，他的大弟弟也即本书的主人公诞生了，父母为他取名为泽民，字润莲。

除了希望自己的儿子们能够平安地活着，毛顺生夫妻俩还希望他们能够好好读书。之所以会是这样，当然不仅是因为常言道“养儿不读书，等于养头猪”，还因为毛顺生自己这辈子吃够了识字不多的苦：在一次柴山诉讼案中，就因为他文化太低，而对方却很有墨水，能言善辩，结果明明自己占理的官司反而输了！受此刺激，性格倔强的毛顺生发誓要让儿子们都读些书。

因此，毛泽民 8 岁那年，便和哥哥毛泽东一道，在村里的南岸私塾读书了。但才读了一年，小弟毛泽覃便出生了。为了帮助身体有病的母亲照看弟弟，毛泽民便辍学了，直到弟弟 3 岁后，他才又重回南岸私塾读书。

可是，等到他 14 岁时，17 岁的哥哥毛泽东要去湘乡县立东山高等小学读书。由于这是一所新式学校，学费较高，且离家较远，还需交一笔住宿费生活费，这使家境并不十分宽裕的毛顺生感到同时供养两个儿子读书实在有些吃力，负担不起。于是，一狠心，便又让毛泽民辍学了。

毕竟，在这个“鸡鸣未晓车声叫，隔夜难存半合粮”的小山冲里，农民过日子，能吃上饭不饿肚子才是头等大事。

因此，从 8 岁到 14 岁，毛泽民断断续续只读过 4 年私塾。他虽然不像哥哥毛泽东那样天资过人，但也聪明伶俐，成绩优秀，而且勤奋好学，酷爱读书。然而，当父亲为了让哥哥毛泽东能够继续深造，而弟弟毛泽覃也要开蒙上学，便只好决定让他作出牺牲，辍学回家种田好维持一家生计时，他还是无怨无悔回家种田了。

14岁的毛泽民，虽然还是个少年，个子却比同龄的孩子高。在父亲毛顺生看来，泽民已经到了“牵牛尾巴”的年龄，可以当半个壮劳力帮自己一起在家干农活儿了。

虽然文化不高，但毛顺生却天赋极高，非常聪明能干，而且还很勤劳。他经常教育自己的子女说：“吃不穷，穿不穷，人无算计一世穷。谁会盘算，谁就能过好日子。不会盘算，坐吃山空，就是家里有金山银山，迟早有一天也会吃光花光，两手空空！”因此，成年累月，他不仅经常日出而作，日落而息，而且省吃俭用，经常把一家人节省下来的稻谷碾成白米挑到银田寺出售，碾米剩下的糠皮留下来喂猪，等猪养大了自家舍不得吃又去卖钱……就这样，曾经非常穷困的毛家逐渐有了些盈余，虽然谈不上富裕，但温饱问题已基本能够解决。

显然是耳濡目染，从小受到父母的影响，毛泽东、毛泽民以及弟妹们也从小就养成了勤劳节俭的良好习惯。还在童年时，毛泽民和哥哥毛泽东就经常学着父亲拾粪，割猪草，放牛，喂猪……几乎什么活儿都干。等到辍学后，已经有扁担高的毛泽民便和父亲一起下地种田，农忙时又是耕田，又是挑粪……整天忙得腰酸背疼。农闲时刻，则又跟着父亲做起了运米贩牛的生意，晚上则在油灯下帮助父亲记账，一来二去，竟然也学会了父亲的绝活，能够双手同时噼里啪啦打算盘。

毛泽民做什么事都不偷懒，舍得花力气，而且也很用心，是个有心人。才干了几年农活儿，对各种农活儿他就样样在行，什么耕田，泡种，养鱼，养猪，磨豆腐，打桐油……他都是一把好手，甚至连耍狮子、说古书、唱花鼓戏也很是在行。

都说“名师出高徒”，由于长期跟着父亲毛顺生这个韶山冲的“小诸葛”“大能人”后面学种地、学经商、当学徒，他不仅在种地务农方面成了好把式，而且在经商理财方面也成了行家里手。

可以说，毛泽民之所以后来能够成为苏区“大管家”“赤都财魁”“红色财神”，与他年少时跟着父亲“学徒”的这一段经历有着很大的关系。

不过，诚所谓“青出于蓝而胜于蓝”，对父亲毛顺生的优点和长处，毛泽民都有样学样，甚至还超过“师父”。但对父亲的缺点和短处，他则“弃其糟粕”。比如，毛顺生因为早年欠债，不得不去当兵，一个铜板一个铜板地节省，这当然不是什么缺点，关键是他对待长工和家里的穷亲戚也能抠则抠，丝毫不讲情面。平时对待自己的几个儿子，也是格外严厉，动辄打骂。

对于父亲的严厉，哥哥毛泽东感受很深。后来在延安接受美国记者埃德加·斯诺采访时，毛泽东回忆说，“他是一个严格的监工，看不得我闲着，如果没有账要记，就叫我去做农活。他性情暴躁，常常打我和两个弟弟”。

当然，父亲的严厉其实并无恶意，只能说是一种中国传统的“父教”方式，也就是所谓的“棍棒下面出孝子”。在儿女的教育方面，毛顺生有意无意地一直都在扮演“严父”的角色。而母亲文素勤因为性格使然，则一生都在扮演着“慈母”的形象。

因为在家排行老七，一般人都习惯称文素勤为文七妹。文七妹从小就性格和顺，心地善良，虽然只是一个普通的农村妇女，却为人慷慨，不仅富有同情心，喜欢接济穷人，而且还通情达理，很有见识。常言道“好女人旺子孙”，在为人处世方面，毛泽民和哥哥毛泽东包括他们的弟弟毛泽覃之所以后来有那么大的出息，显然受母亲文七妹的影响最大。

也确实，都说在子女的幼儿教育中，母亲的作用和影响最大，仔细想想，这话是有道理的。文七妹虽然没有读过书，却非常有头脑、有见识。自嫁到毛家以后，她就担起了生活的重担，相夫教子，操持家务，都是一把好手，家中一切事务都由她“尺布寸缕，拮据经营”。平时她不仅经常背着又俭省又小气的丈夫毛顺生接济帮扶穷苦的乡亲，而且还教育自己的几个儿子要乐善好施，同情和尽力救济穷人。以至许多年后，毛泽民还清楚地记得这样一件小事。

有一天，细心的毛泽民发现自家的鱼塘边有几片鱼鳞，显然是有人趁夜晚偷了他家的鱼。于是，等到天黑，他便找了个伙伴一起“埋伏”在鱼塘边，等着抓“偷鱼的贼”。果然，到了半夜，对面人家屋门“吱”的一声，很快便钻出一个人来，轻手轻脚地来到毛家鱼塘用渔网网了一条大鱼回家，不过一会儿，那人又跑回来，没多长时间，又偷了一条大鱼回家。

见此情景，毛泽民沉不住气了，他霍地站起来，三步并作两步地追了上去，在那人正要回家时在他家大门口将那人人赃俱获。那人自知理亏，连连向毛泽民赔不是，并把鱼还给了毛泽民。

毛泽民把鱼拿回家，并把事情的原委告诉了母亲，他原以为母亲会夸奖他，谁知母亲却摇摇头，叹口气说：“润莲，人家偷鱼是不对。只是，那家人实在是太穷了，偷鱼也实在是没有办法啊……你还是把鱼送还给人家，积个善德吧。”

从母亲的叹息中，毛泽民若有所悟，于是，他二话没说，立即拎起那条鱼给那个“偷鱼”的人家送了过去。

谁知，毛泽民又很快拎着那条鱼回来了。文七妹很诧异，就问：“怎么，你没去送？”

毛泽民笑笑说：“他说他家没有盐，腌不了鱼。算了，我干脆给他腌好再送过去吧。”说话间，毛泽民已腌好了鱼，然后又走出了家门。

望着儿子匆匆离家的背影，文七妹欣慰地笑了。

都说榜样的力量是无穷的。对于毛泽民来说，不仅父母亲是他的楷模，哥哥毛泽东更是他从小就学习和崇拜的榜样。还很小时，他就对哥哥毛泽东的乐善好施、舍己为人的思想品格印象深刻，暗自钦佩。

是的，也许是受母亲影响，毛泽东从小就乐善好施，喜欢助人。那年秋收，家家都在忙着割禾晒谷。一天午后突然下起大雨，毛顺生赶紧带着全家去晒谷场抢收稻谷，直到忙完，毛泽东才浑身水淋淋地赶回来。原来，他是帮助毛缪生家收谷子去了。父亲气得举起大手就要打他。

毛泽东毫不示弱地对父亲说：“他家佃了东家的田，稻谷被淋湿了烂了就交不起租。我们的田是自己的，即使被雨淋湿一些稻谷又有什么关系？”

毛顺生一听更火了：“你说没有关系，你吃的饭难道是天上掉下来的吗？”

见这父子俩吵架，母亲文七妹赶紧跑来劝说，毛泽民也把哥哥拉到一旁，父亲这才不再吭声。

事后，毛泽民问哥哥：“为什么不抢收自己家的稻谷，却要去帮助人家？”

毛泽东向他解释说：“毛缪生家穷，去帮工的人少，又要交租子，雨要是把他家稻谷给淋烂了，他家的租子怎么交？往后的日子还怎么过？”

哥哥的一席话，说得毛泽民不住地点头。他觉得哥哥读的书多，懂得的道理也多。自己以后要多向哥哥学习。

当然，最让毛泽民佩服的还是哥哥毛泽东的见识，以及他绝不逆来顺受的反抗精神。

毛泽东 10 岁时，曾因害怕动辄喜欢打人的国文老师的体罚逃离学校，又不敢回家，就在山谷里躲藏了 3 天。最后，还是家里人把他找了回来。

但渐渐地，毛泽东就不再逆来顺受了。一天，家里请来许多客人，当着那么多客人的面，父亲竟大骂毛泽东，斥责他只会读书，不知道干活，真是懒而无用。这可把毛泽东激怒了，于是，他第一次愤而抗争顶撞父亲，与父亲吵架，然后一气之下拔腿就离开了家。父亲一边破口大骂，一边在后面追赶他，呵斥他马上回家。因为被逼无奈，毛泽东跑到一个池塘边，回过头威胁父亲说："如果你再走近一步，非要逼我，我就立马跳进去！"

就这样，这场父子冲突以父亲的妥协而告终。由此，毛泽东明白了一个道理：如果你奋起抗争，维护自己的正当权益，父亲就会软下来，而如果你不去抗争，父亲反而打骂得更厉害。

也许是从哥哥毛泽东那里受到了启发，以前对父亲唯命是从、从不敢反抗的毛泽民有一天竟然也敢于和父亲抗争了！

有一天，在外面办事的毛泽民不知道为什么回来晚了，脾气暴躁的父亲要罚他"跪香"，也就是跪着等烧完三炷香的工夫才准许站起身。以前，毛泽民都是完全服从，但这次，他却只跪了一条腿，另一条腿不跪。父亲要他两条腿都跪下，毛泽民第一次和父亲顶嘴说："我有父母双亲，一条是父亲的，一条是母亲的。你要我罚跪，我只跪你给我的那条腿，不跪母亲的那条。”

父亲毛顺生一听这话，顿时又好气又好笑，心想自己的这个儿子平时种田经商那么辛苦那么能干，也就原谅他了。

由于“近朱者赤”，经常和哥哥毛泽东在一起，而且毛泽东也有意无意地不断“赤化”他的这个弟弟，给他看一些具有“新思想”鼓吹反抗封建剥削压迫的“闲书”“杂书”，给他讲一些“天下兴亡匹夫有责”以及摆脱封建礼教束缚反抗统治阶级压迫的故事和道理，于潜移默化中，以前老实巴交的毛泽民自觉不自觉地也渐渐成了一个平时爱管闲事喜欢同情弱者的封建社会的叛逆者。

由于毛泽民为人仗义，办事公道，乡亲们都相信他。每逢有人家买田地，起新屋，兄弟分家等，都愿意请他给写契约。每当乡亲们遇到什么难事儿，也多半愿意跑来找他出主意，想办法。就连富人们遇到一些难事儿，也都喜欢找他，跟他讨主意。

那年，韶山冲闹灾荒，穷人们饿着肚子实在

活不下去了，就到富人家“吃大户”，连吃好多天都不走。富户们没办法，就一起跑来与毛泽民商讨对策，问他有什么好办法。

毛泽民笑着说：“这好办！”

富户们一听都瞪大了眼，不约而同地问：“有什么好办法？”

毛泽民说：“荒年赈灾，我们这些富户都有责任。这种时候，我们应该凑些钱给穷人，再给他们一些粮食，帮他们渡过难关，他们自然就不闹了。”

这些富户虽然大多很不情愿，但事到如今，想想也只有按毛泽民说的去办，才能“破财消灾”，平息事态。

经历此事，更加坚定了毛泽民同情关心穷人、为穷人说话办事的信心和决心。

02 蜕茧成蝶

对母亲文素勤（文七妹），无论毛泽东还是毛泽民都特别孝顺。文七妹的身体一直不好，体质很弱，渐渐地，生活上几乎不能自理，经常患病躺在床上。毛泽民心疼母亲，每天都会服侍母亲，为母亲端饭递水，平时有什么好吃的东西自己舍不得吃都省着给母亲吃；在外面听到什么高兴的事，回到家都讲给母亲听，想让母亲尽量高兴些……

但是，由于过度劳累，以致积劳成疾，1919年春天，母亲的病越发严重了。见此情形，毛泽民急忙与正在北京、上海等地从事革命活动的大哥联系。

毛泽东很快回信，要泽民带母亲到长沙治病。趁兄弟3人都在长沙的机会，毛泽东提议大家与母亲照一张合影。他们搀扶着虚弱的母亲来到照相馆，拍下了一张珍贵的合影照。这也是毛家三兄弟与母亲唯一的一张合影照。

尽管兄弟 3 人竭尽全力，在长沙陪着母亲治病，但母亲的病还是日益严重，眼看治愈无望，母亲便坚持让毛泽民陪自己回到韶山冲家中。这年的 10 月，正在长沙发动“驱张运动”的毛泽东突然接到毛泽民从韶山冲寄来的母亲病危的家信。毛泽东顿时心急如焚，带着弟弟毛泽覃星夜兼程赶回韶山冲。

等赶回家，毛泽东顿时惊呆了，只见弟弟毛泽民披麻戴孝跑过来，悲恸欲绝地一把抱住了他，泣不成声地对他说：“哥哥，妈妈入棺已经两天了，临终前，她老人家还在念叨着你和弟弟的名字……”

此情此景，让毛泽东再也控制不住，他当即跪倒在母亲的灵柩前，手扶棺木，恸哭失声。

母亲的死让毛泽东心痛欲裂，他一生最敬佩的人就是母亲，称母亲是“可以损己而利人的人”，可是，就是这样一位慈母，这样一位好人，却只活了 53 岁，老天爷就这样残酷无情，让她早早离开了人世！

在为母亲守丧的日子里，毛泽东终日以泪洗面，他为母亲写了一篇催人泪下的《祭母文》，称颂母亲“吾母高风，首推博爱。远近亲疏，一皆覆载。皑恻慈祥，感动庶汇。爱力所及，原本真诚。不作诳言，不存欺心。整饬成性，一丝不诡……”写罢，又挥笔书写了两副灵联：

疾革尚呼儿无限关怀万端遗恨皆须补
长生新学佛不能住世一掬慈容何处寻

春风南岸留晖远
秋雨韶山洒泪多

说来真是祸不单行。就在母亲去世后不久，这年的农历十二月初三，劳碌辛苦了一辈子、时年还只有 50 岁就已心力交瘁的父亲毛顺生也因患急性伤寒，突然病逝。

父亲去世时，毛泽东为驱逐湖南省军阀张敬尧正在北京活动，没能回家奔丧。毛泽民只好和妻子含悲忍泪将父亲的遗体与母亲安葬在一起。哪知道，这边才把父亲的丧事办好不久，他的6岁儿子毛远益又突然患急性肝炎，也不幸夭折。

1919年，对毛泽民来说，真的是个灾年，一年之间，竟然祸不单行，连续失去了3位亲人，真的让他痛不欲生！

毛泽民的结发妻子名叫王淑兰，出生在湘乡县团田刘家湾。她的父母都是贫穷的种田人。1913年，毛泽民17岁时，按照当地风俗，父母亲为他娶了大他1岁的王淑兰为妻。王淑兰聪明能干，勤劳贤惠，和婆婆关系处得非常好。可是，想不到嫁到毛家还只不过五六年时间，还未到花甲之年的公公婆婆就相继离开了人世。

父母去世后，毛泽民和妻子王淑兰强忍住悲痛，从此起早摸黑，默默地担起了经管家业的全部重担。

1921年春节的正月初八，毛泽东带着弟弟毛泽覃从长沙回到韶山冲。父母双亡，物是人非，兄弟3人来到连块像样的墓碑都没有的父母坟前肃立默哀，无不心情沉痛。想着父母双亲含辛茹苦的一生，想着众多苦难深重的百姓，毛泽东从心底发出一种强烈的呼唤：我们这一代，再也不能像父母那样生活了！

因为哥哥和弟弟都回来了，那天，毛泽民特别高兴，特地吩咐妻子王淑兰多烧些菜招待哥哥弟弟和几个老表。这天晚上，大家团团圆圆地吃罢晚饭，王淑兰收拾好碗筷，一家人一起围坐在火塘边继续说话。毛泽东先是给大家说了些外面的事情，比如什么反对封建军阀呀，反对帝国主义殖民主义的欺压呀，等等，然后话锋一转，便说起了家事。

"这些年我不在家，泽覃也在长沙读书，家里的事全靠泽民和四嫂（毛泽东一直习惯喊弟媳王淑兰为四嫂）撑着。前年母亲死了，父亲死了，都是你俩忙前忙后地料理丧事，你俩真是费了不少心血啊！"

听毛泽东忽然说起家事，毛泽民以为哥哥想要知道家底，便拿出自己的账本一五一十地报起家里的明细账来，什么民国六年修房子，母亲开始生病；民国七年，败兵几次来韶山冲要谷要钱，强盗还来抢过一次；民国八年，娘死安葬，年底安葬父亲……

所谓大丈夫不算小账，毛泽东当然不会关心这些鸡毛蒜皮的事情，再说他太清楚弟弟毛泽民的为人：他忠厚老实，人很勤奋，办事认真，又聪明细致，只是读书不多，见的世面太少，懂得的革命道理有限。但是，他想，泽民实在是块好玉，只要加以必要的打磨，一定能成大器。

想到这里，毛泽东忽然挥挥手，笑着打断毛泽民的话说："泽民，这些你都不要跟我说了。你和四嫂的为人我还不清楚？我这次回来不是要和你们算这些狗肉账，而是决定，这个家，我们不要了。你和四嫂把家收拾一下，跟我一道去长沙，不回来了！"

见毛泽民和王淑兰有些发愣，毛泽东便又解释说："泽民，你刚才说强盗来抢东西，败兵来要东西，这不只是我们一家发生的事情。如今，世道混乱，许多穷苦百姓都会遭罪。这叫作国乱民不安生，国破家要亡啊！润莲从小就在家劳动，书读得少。现在，你们离开家，跟我去长沙，一边做些事，一边再读些书，将来再做些对国家和民族有用的事情。”

“不种田，我们一家人吃什么？”毛泽民这时再也憋不住了，瞪大眼问。

原来，毛泽东这次在回韶山之前就已经盘算好了，这时就笑着说：“在我做主事的长沙一师附小，正需要一个主理庶务的人。我看这份工作润莲去做最合适。在那里，你一边工作，还可以一边读书，不好吗？”

听了哥哥的话，毛泽民好像理解了，就点点头，不再说话，但王淑兰好像还不放心，就又问道：“没田没地的，一家人要是在城里吃不饱肚子可咋办呀？”

毛泽东挥挥手，又笑着说：“四嫂，这个你不用担心，我每月给润莲几块大洋的伙食费，够你们一家人吃喝了。”

“那，我们什么时候走呀？”毛泽民问。

“过几天就走。”

“那怎么行？家里那么多东西，三两天怎么能处理完？”毛泽民有些发急。是啊，这个家虽然算不上有多富裕，但为了这份家业，这些年他可没少耗费心血啊。

毛泽东说："我们家差人家的钱，这两天我们把家里的猪卖了一分不少全部还清，若是人家欠我们家的债，我看就算了，不要了……"

正月初十，因为有公事在身，毛泽东带着弟弟毛泽覃和妹妹毛泽建先回长沙，毛泽民和妻子王淑兰因为要处理家产决定过几天再走。

在处理祖上几代人辛辛苦苦才积攒下来的田地、鱼塘和耕牛时，夫妻俩都未免有些舍不得，但一想到哥哥毛泽东的话，便都狠狠心，最后，除了几间老屋即现在的韶山毛泽东故居没送人，其他东西全都送给了邻里乡亲。

几天后，毛泽民和王淑兰也动身前往长沙。临走的时候，夫妻俩都有些依依不舍，而且，王淑兰依旧有些放心不下。

"润莲，我们到了城里，应该能过活吧？"

"听哥哥的话没错。"毛泽民回答道。尽管这样说，其实他的心里也没有底。所以，临走的时候，他还是尽量多带了些米和油，甚至连烧饭用

的柴火以及锅碗瓢盆都能多带就多带，整整装了一船。

从韶山冲到长沙，毛泽民的命运悄然发生了第一次转折。而这个引路人无疑就是他的哥哥毛泽东。

是的，没有毛泽东，也许毛泽民一辈子都会待在韶山冲，可以肯定的是，他会成为一个衣食无忧甚或还很富裕的乡村地主或富农，但会老死乡里，湮灭无闻。

来到长沙后，毛泽民先是在一师附小负责庶务，管理学校的经费和教师们的伙食，也就相当于现在的总务主任。以前，学校的伙食办得很差，几乎顿顿都是糙米饭和水煮青菜，很少见到荤腥儿。因此，教师们怨声不断。可自从毛泽民来了以后，食堂的伙食很快发生了明显变化，不仅菜的品种增加了，而且米饭也变得香糯可口了。而之所以会是这样，是因为毛泽民每天一大早就带着食堂师傅去附近几个菜场精挑细选，买一些价廉物美的蔬菜和便宜的猪下水、鸡爪子、鸭脖子等。如此一来，几乎每天学校的伙房里都香味扑鼻。其中，最让大家百吃不厌的还是毛庶务老家祖传的“毛氏红烧肉”。

身为庶务，毛泽民当时不仅要管理学校的食堂，还要管理全校的经费使用。很快，年少时就很会勤俭持家、精打细算，两只手能同时打算盘的毛泽民就把学校的经费管理得井井有条，受到大家的一致称赞。

自从来到省城，毛泽民就按照哥哥的吩咐，白天在附小工作，晚上在夜校读书。开设在一师附小高小部的“成年失学补习班”是 1920 年冬天毛泽东从上海回到长沙后创办的，招收了不少附近的工人来校学习，为在湖南建立党的组织培养党的骨干做准备。毛泽东、何叔衡等湖南早期信仰马克思主义的知识分子都到学校来授课。他们一边教工人识字，学习国文、英文和算术，一边传播革命道理。

在夜校读书的那段时间，毛泽民蜕茧成蝶。在这里，他不仅学会了不少文化知识，也懂得了许多革命的道理。

1921 年的夏天，当时中国的上空黑云翻滚，而就在这一时刻，平地一声惊雷——中国共产党诞生了！

这年的 8 月，代表长沙共产党早期组织赴上海参加中国共产党第一次全国代表大会的毛泽东、何叔衡回到长沙，积极贯彻一大决议精神，发展党员，发动工人运动，并创办了一所湖南自修大学。

湖南自修大学还附设补习学校，实际是中共湖南党组织创办的学校。毛泽东、何叔衡、易礼容、夏明翰等中共早期党员，都是补习学校的第一期学员。毛泽民也参加了第一期补习学习，并担任会计襄务，同时兼管省学联庶务。在这里，他不仅把开办自修大学的 400 元钱管理得井井有条，全都花在了刀刃上，而且在思想上也向革命迈进了一大步，懂得了农民为什么受压迫，为什么要革命，革谁的命以及由谁来开创中国革命，等等。经过淬火，他已从一个当时可谓蒙昧无知的中国农民自觉不自觉地转变成了一个信仰马克思主义的革命者。

大约在 1921 年的秋天，经由何叔衡介绍，毛泽民光荣地加入了中国共产党。

1922 年秋天，以毛泽东为书记的湘区委员会领导和发动了安源路矿工人大罢工以及长沙泥木工人大罢工，逐步形成了湖南工人运动的高潮。

在此期间，长沙笔业工会在中共湘区委员会的指导下成立了。毛泽东派毛泽民担任工会秘书。那些日子，毛泽民和工会骨干们一起，领导笔业工人组织罢工。他组织发动 300 多名笔业工人上街请愿，前往省议会和长沙县署，提出增加工人工资、改善工人待遇等要求。在遭到拒绝后，他一边组织工人成立笔业工人生产合作社，开展生产自救，一边继续罢工，开展斗争，历经 40 多天，终于取得了罢工的胜利。

这年的 11 月，中共湘区委员会选派毛泽民、易礼容去安源煤矿，从事工人运动，发展党的组织。

到这时，毛泽民俨然已经成了一个职业革命者了。

毛泽民来到安源煤矿，担任路矿工人俱乐部经济股股长，兼工人夜校的教员，与易礼容一起筹备成立工人消费合作社。

1922 年 9 月 14 日，在中共湘区区委和毛泽东、李立三等人的领导下，安源路矿 1.7 万名工人举行大罢工，喊出了“从前是牛马，现在要做人”的口号。罢工开始后，工人俱乐部发表罢工宣言，提出了保障工人权利、增加工资、改善待遇、废除把头制等要求，经过 5 天的激烈斗争，终于取得了重大胜利。

1923 年 2 月 7 日，安源路矿工人消费合作社正式开业。这是中国共产党领导下的第一个股份制经济实体。消费合作社总经理先由李立三兼任，后由易礼容任职。1 个月后，易礼容调回长沙，总经理一职先由毛泽民代理。8 月，工人俱乐部换届选举后，毛泽民被正式任命为总经理。

办好消费合作社是与资本家进行经济斗争的重要手段之一。而消费合作社最基本的任务就是力争从各个环节减少商人的中间盘剥。在筹备成立消费合作社时，毛泽民做了大量的调查研究。他利用各种机会深入矿井、工棚，与工人谈心，了解工人疾苦，倾听工人呼声，还把资本家和奸商们残酷剥削工人的各种伎俩一一记录下来。

由于毛泽民等人的努力，安源路矿工人俱乐

部和工人消费合作社在社会上影响很大，中国工人运动早期领导人邓中夏就高度称赞他们“大战了一场资本家，打破了工头制，建设了一个坚强的大营寨”。

当时，合作社的建立和扩大，不仅推动了安源工人运动的发展，而且促进了党的工作，为中国共产党的活动筹集了一大笔资金，作出了很大的贡献。追索历史，中国共产党所领导的工农合作事业，可以说最早是从这里开始的。而毛泽民显然也在担任消费合作社总经理发行红色股票等工作过程中得到了很大的锻炼，这为他不久后到苏区创建中华苏维埃国家银行打下了基础，积累了基本的经验。

1923 年 6 月，毛泽东在广州出席中共三大，强调农民问题的重要性，当时并没有引起党内主要领导的重视。到了 1925 年的春节，毛泽东决定回老家韶山开展农民运动。他让毛泽民跟他一起回韶山。尽管当时毛泽民身体不好，刚做完盲肠炎手术不久，身体还没完全复原，但毛泽民还是二话不说就带着妻子王淑兰跟随哥哥毛泽东和嫂子杨开慧一起回到了韶山。

在韶山，在哥哥这个总指挥的指挥下，毛泽民与妻子王淑兰、嫂子杨开慧以及妹妹毛泽建等人经常利用夜晚的时间，或是走出去，或是请进来，一次次地召开农民群众的谈心会。起初，人们还以为是毛家兄弟请人聚在一起打麻将，后来才发现这些毛家人原来是在做农民的思想工作。那些与毛家人谈过心的人开始知道了外面的世界，知道了如今的世道，眼下城里的工人、学生怎样起来闹革命，农民怎样不再受地主、资本家的剥削，穷人怎样组织起来握成一个拳头，齐心协力反对军阀、官僚的统治压迫，以及怎样反抗侵略，抵制日货……

就这样，毛泽东很快在家乡办起了 20 多个农民夜校，杨开慧、毛泽民担任老师。他们向农民宣讲进步思想，谈几千年来的封建剥削以及帝国主义的侵略行径，对农民进行思想启蒙。在此基础上，毛泽东领导组织了一批有觉悟的农民成立了雪耻会，后来改称为农民协会。

由于毛泽东惊人的组织力和号召力，以及杨开慧、毛泽民等人的共同努力，他们四处串联，到处“点火”，一直很平静的韶山就像是一大堆干柴，很快就被重回故乡的毛家人给点燃了。农民运动的火焰迅速燃烧起来。

但是，由于毛泽东组织领导的雪耻会开展平粜斗争等，也损害了当地一些地主的利益，动了富人的“奶酪”，遭到了他们的仇视，因而，当地恶霸地主成胥生等人便秘密告发毛泽东和毛泽民兄弟等，很快，湖南省省长赵恒惕便对毛泽东等人进行通缉，密令：“立即逮捕毛泽东，就地正法！”

毛泽东从内线秘密得到消息后，立即带着弟弟毛泽民“出逃”广州。

后来，毛泽东在与埃德加·斯诺谈话时追忆这一段历史时说：“……赵省长派兵来抓我，我便逃往广州。”

毛泽民在自填的个人简历中写道：“……同时，均被通缉，因而与泽东同志逃往广东。”

因为考虑到自己这次“出逃”随时都会流血牺牲，都有坐牢杀头的危险，而且，作为“政治犯”，也会连累全家，那天晚上，毛泽民想了很久，终于硬着头皮向与自己相濡以沫 15 年的妻子王淑兰说道："淑兰，我这两天考虑再三，为了你们母女的安全，我俩还是离婚为好！"

"离婚？"王淑兰眼前顿时一片漆黑，一时很难接受。

"是的，离婚！我在外面万一有个三长两短，不能拖累你和女儿远志……"

王淑兰哭了很久，也想了很久，终于，她似乎想通了，抽抽噎噎地对也在一旁流泪的毛泽民说："我生是毛家的人，死是毛家的鬼。你就放心地出去干革命吧，我会把远志带好的。"

第二天一大早，毛泽民告别了妻子和家人，离开家乡，和哥哥一起悄悄从浏阳河上坐船走了。这一走，就再也没有回来。

03 上海滩的杨老板

“出逃”到广州后，毛泽民有幸参加了广东农民运动讲习所第五期培训班学习。还未结业，他就接到党中央的电报，要他去上海负责主持党中央机关刊物《向导》周刊、团中央主编的《中国青年》杂志，以及党的所有对外宣传刊物和内部文件的总发行工作，公开身份是出版商和出版发行部的经理。

那是 1925 年的冬天，为了适应地下工作的需要，毛泽民化名杨杰，公开身份是某印刷厂的老板，身上揣着仅有的 70.38 元，西装革履地从广州来到了上海。

在毛泽民来上海之前，党的发行工作一直是由上海书店负责。1923 年 11 月，在中央负责人瞿秋白的领导下，上海书店在上海华界小北门正式开张。书店经理徐白民是中国共产党早期党员。由于利润微薄，门市部生意清淡，上海书店曾一度入不敷出，难以为继。后来，在徐白民的主持下，通过改善经营方式，书店的经济状况才逐步有所好转。此后，党中央要求印刷的刊物，印刷费用都由上海书店负担。

毛泽民来到上海不久，时势就出现了新的变化。随着北伐战争的节节胜利，上海书店出版物的销量猛增，读者范围日益扩大，随之而来的就是书店的印刷任务不断加大。原有的秘密印刷厂已经不能满足当时的印刷要求。根据形势的需要，党中央决定再增开一家秘密印刷厂和秘密发行所。

为此，毛泽民在整顿上海书店和国民印刷所的基础上，又在培德里建立起一套秘密印刷发行机构，专门负责党中央文件和内部刊物的印刷及发行。当时人手很少，发行部只有几个人，最多时也不过十几个人。所以，毛泽民既当老板，又当伙计，后勤、财务、发行……几乎什么活儿都干，并逐步制定和完善了发行部和印刷厂的各项规章制度。

对出版发行工作，一开始，毛泽民完全是外行，但是凭着一股不服输的精神和为党的事业一往无前的革命意志，他认真学习，虚心求教，反复揣摩印刷和书刊发行工作的门道，并结识了许多业内朋友，很快就担负起了党的“出版印刷发行之总责”。而在上海滩，杨老板也渐渐有了些名气。

在上海滩这个黑白势力杂处、三教九流并存的大都会，为了保证党的出版发行机构的绝对安全，毛泽民始终保持着高度的警惕性。在警察、特务到处乱串，租界巡捕房的“包打听”无孔不入的白色恐怖环境里，精明的杨老板学会了同形形色色的人打交道，不仅学会了对付那些警察、特务的打探，也学会了应付那些地痞流氓的骚扰，从而有效保护了上海书店，为今后更好地从事地下工作积累了宝贵的经验。

这时的杨老板已进入而立之年，整天形单影只，身边没个女人，和杨老板的身份实在很不相符，很容易引起敌人的注意。为此，党组织从安全考虑，决定派纱厂女工钱希均与毛泽民假扮夫妻，来配合他的工作。

1926年夏日的一天，一位留着齐耳短发、看上去也就20岁出头的姑娘带着一份中共中央组织部的秘密介绍信，悄然来到了杨老板的身边。

她，就是钱希均。

钱希均出生在浙江诸暨牌头镇的一个穷苦人家，从小就被父母送给人家做童养媳。她从小就很懂事，过早地体味到了人生的艰难。后来，她受到进步思想的影响，跟人来到上海，在纱厂一边做工，一边在中国共产党创办的平民女校读书，并加入了中国共产党。

这以后，钱希均就开始在毛泽民的领导下工作。革命工作的锻炼与考验，使她变得日渐成熟起来。钱希均很有活动能力，她时而扮成阔太太，到党的秘密机关送文件；时而又扮成普通穷苦妇人，到基层交通点去取稿件。每次活动都机智勇敢，成功甩掉身后的“尾巴”。对此，毛泽民高兴地赞叹道：“钱希均真是一位难得的好同志！”

由于大家齐心协力，局面很快就打开了。《向导》的发行量很快达到了8万份，半年之内又增印了《共产主义ABC》，行销3万余册，许多书刊都出现了供不应求的局面。毛泽民为了进一步解决经费困难，便采取了预订的办法，不仅在全国的几个大城市建立了书店或发售点，而且连香港和巴黎也有了代售处。

在 1 年多的时间里，杨老板就从刚开始身上仅有 70 多元周转金的人发展成为拥有上万元资产的大老板。

在出生入死的共同斗争中，毛泽民与钱希均这两个志趣相投的革命者也渐渐相互爱慕、相互依恋。1926 年年底，他和她结合了，成了一对真正的革命夫妻。

1926 年 7 月，为推翻帝国主义支持的北洋军阀统治，中国国民党和中国共产党合作领导国民革命军正式誓师北伐。北伐军首先集中兵力在两湖战场打击吴佩孚所部。北伐开始后，所向披靡，国民革命军连克长沙、平江、岳阳等地，8 月底取得两湖战场上的关键一战——汀泗桥、贺胜桥战役的胜利。10 月 10 日，北伐军进抵武汉，先后占领武昌、汉阳、汉口，全歼吴佩孚部主力。

但盘踞在华东地区的孙传芳却苟延残喘，垂死挣扎。孙传芳以“印刷过激书报，词句不正，煽动工团，妨害治安”等罪名，封闭了上海书店。由于形势恶化，党的出版发行工作只能全部转入地下。

鉴于当时上海的白色恐怖异常严重，毛泽民与书店经理徐白民商量，将书店搬进了租界区，在英租界宝山路寻找到一处门面房，办起了宝山书店，继续发行革命书刊。

考虑到当时长江中游一带形势逐日好转，毛泽民便向党的总书记陈独秀建议，在革命形势较好的汉口，建立一个公开的发行机构——长江书店。他的建议很快得到党中央的支持和批准。

经过一番紧锣密鼓的筹备，1926 年 11 月，位于武汉三镇中商业最繁华的汉口镇的长江书店正式开业。由于在开业前毛泽民在武汉的主要报刊上都做了广告，且广告语为本书店“继承上海书店营业”，影响力很大，因而书店开张后，生意一直火爆，每次从上海、广州运来的所有书刊都供不应求，很快售完，以致书店经常不得不一度拉上铁门，暂停营业。

考虑到远水解不了近渴，在从上海紧急调运

長江書店

书源的同时，毛泽民派专人把上海印务局的机器全部运到汉口，创办了长江印刷厂，专门印刷长江书店的出版物，大大缓解了长江书店的“近渴”之忧。

在创办和运作汉口长江书店的同时，毛泽民始终注视着上海的发行工作。1927 年 2 月，北伐狂飙席卷杭州、嘉兴一带，宁沪杭革命形势迅猛发展，对党的出版发行工作提出了更新更高的要求。3 月 21 日，在周恩来、罗亦农、赵世炎等组成的中共特别委员会的指挥下，上海 80 万名产业工人举行了总罢工，并迅速转入第三次武装起义。经过 30 多个小时的激战，起义军于 23 日占领了整个大上海，成立了上海市特别临时政府。

那些日子里，毛泽民的心里多高兴啊！他带领出版发行部的同志，经常通宵达旦地赶印革命的传单、布告和书刊。大家虽然辛苦，但心里甭提有多痛快！

可是，时间刚刚过去 20 天，窃取了革命胜利果实、极为反动也极其短视的蒋介石却突然变脸，公然在上海发动了四一二反革命政变，屠杀了大批的共产党员和起义工人。一瞬间，工人阶级用鲜血和生命换来的新上海又被鲜血染红了，重新陷入白色恐怖之中。

幸好毛泽民带领出版发行工作的同志及时转入了地下，不但保全了同志们的性命，也使党的宣传工作没有遭受大的损失和破坏。但即便这样，毛泽民还是非常担忧，因为出版发行行业，从排字到印刷，再到发行，环环相扣，一旦出现什么紧急情况，很难及时隐蔽。尤其让他感到担忧的是装订作坊，那是一个私人作坊，老板姓傅，为人奸诈，见钱眼开，很不可靠。

应该说，毛泽民的担忧没错，这位傅老板果然是个奸细，差点把毛泽民给害了。

事情大致是这样的，这天上午，毛泽民去装订作坊联系业务。因为这次要签订一个大合同，一定要他亲自出马。行前，他特意留了个心眼，按约定的时间提前到达了。

傅老板一见毛泽民，顿时吃了一惊，他慌忙把几个正在谈生意的人送走，然后满脸堆笑地过来招呼毛泽民。

几乎是下意识地，毛泽民感觉到今天傅老板神情好像有些反常，说话总是心不在焉的，却又故意表现得那么热情，这和以前可不大一样。

果然，在谈具体业务时，傅老板经常走神，不像以前一谈业务两眼放光，为一两块大洋都会争得面红耳赤。这边业务还没谈完，他忽然站起身，笑容可掬地对毛泽民说："杨老板，对不起，请先坐一会儿，我去账房处理个急事马上就来。"说罢，便急匆匆地走了出去，临出门，还反手把门给关上了。

毛泽民忽然感觉有些不大对劲，凭着职业的习惯，他轻手轻脚走到门边想把门开开，发觉门从外面给锁上了，再看看窗户，也关得很紧。顿时，毛泽民全明白了，傅老板这是去警察局告密，想用自己去换赏钱啊！

因为情况紧急，事不宜迟，毛泽民冷静地观察了屋外的环境，然后从炉子边拿起一把大铁钳，用力撬开木窗棂，随即撩起长衫，纵身跃出窗户……

等傅老板叫来荷枪实弹的警察时，毛泽民早

已消失在十里洋场的茫茫人海中。

此后不久，党中央调毛泽民去武汉，担任武汉汉口民国日报社的总经理，直接负责报社的全部行政事务工作。

1927 年 7 月 15 日，汪精卫在武汉公开与共产党分裂后，按照哥哥毛泽东的吩咐，毛泽民把嫂嫂杨开慧、弟媳周文楠转移到长沙，随后，他便在湖南参加秋收暴动的准备工作。这期间，毛泽民化名周方，深入湘潭、湘乡一带活动，发动农民。9 月中旬，秋收暴动打响后，毛泽民带着一批同志化装成商人急切地赶往平江、浏阳，打算赶上起义的队伍，不幸遭遇地方团防和反动武装的逮捕。他机智地逃脱后，却与毛泽东率领的起义部队失去了联系，只好又返回长沙，继续从事地下工作。

这年的 11 月，党中央急调毛泽民回上海，恢复党的出版发行工作。

当毛泽民秘密回到上海，接手原来工作时，一切比以前更为艰难。如今变得两手空空的他，不得不一切从头做起。

在刊物的发行工作中，毛泽民煞费苦心。面

对国民党反动派的严密搜捕和层层检查，他让印刷厂为革命和进步刊物装订上假封面，比如《中国文化史》《中国古史考》等，有时还仿照国民党机关刊物，用《中央半月刊》来迷惑敌人，从而保证党中央的机关刊物能够源源不断地转到读者的手中。

当年，党中央的最大秘密印刷机关——协盛印刷所设在派克路，毛泽民同时兼任这个印刷所的负责人。他几乎每天都去印刷所上班，不分昼夜地处理各项工作。

1929 年夏天的一个上午，20 多个巡捕房密探——“包打听”突然闯进印刷所，发现车间里正在印刷共产党的宣传品，便立即封锁了弄堂口，对印刷所大肆搜查。

领头的“包打听”冲到杨老板面前，穷凶极恶地呵斥道：“好哇，你们在印共产党的宣传材料！杨老板，你是共党分子！”

这时候，毛泽民镇定自若，说：“我是商人，只要有钱赚，我才不管是什么宣传材料！要是以前孙传芳的材料不能印，现在又这也不能印，那也不能印，我们这些印刷厂还不关门喝西北风？”

一听毛泽民说得也有些道理，领头的“包打听”眼珠子一转，诡秘地一笑，就说：“杨老板，就算你不是共党分子，但替共党印宣传品也是犯法。既然犯法就要受罚，这样吧，你交出 10 万光洋罚款，否则，我们就把你杨老板抓进巡捕房去蹲大牢，吃牢饭！”

毕竟在上海滩已经闯荡了多年，毛泽民一听特务们显然是想敲竹杠，于是，他便冷然一笑，从容不迫地用地痞流氓的套路对付他们，叉着腰说：“兄弟们这是想吓唬我吧？你们去打听一下，在上海滩，在商界、出版界，哪个不晓得我杨某人？”

“好啊，那你杨老板就快把钱拿出来吧！”“包打听”头子等不及了。

毛泽民这时从口袋里掏出 300 元钱，甩到桌子上，说：“统统拿去好了！我就这么多钱，是准备买纸的。你们要再逼我，我就只好卖掉机器了。反正，如今搞印刷也赚不到钱，我早就不想干了。”

特务们一合计，觉得这样也行，反正跑了和尚跑不了庙，这次抓不到共产党也要好好揩一点油，怎么说也不能便宜了这位杨老板。于是，就把杨老板的印刷所给查封了，贴上封条，等着杨老板卖了机器去交赎金。

为了迷惑敌人，第二天，毛泽民就在《新闻报》上赫然刊登了一则拍卖印刷机器、买者从速的广告，就连印刷所门前也煞有介事地贴出了拍卖的醒目广告。敌人信以为真，很是得意。

几天后，一位陌生的新主顾看了货，立即请人装箱，打包，然后，光明正大地把这些机器全都拉走了。

等到这些巡捕房的“包打听”们反应过来，协盛印刷所连同它的杨老板，都已神不知鬼不觉地从上海滩消失了。

竟然中了这杨老板的金蝉脱壳之计，这些“包打听”们顿时暴跳如雷，破口大骂。

原来，经过党中央的同意，毛泽民假借拍卖为名，将印刷所的设备全部拍卖给了自己，他让人假扮新主顾，把自己的印刷设备全部买走，然后将这些机器打包后运到安全的地方藏起来，等过了几个月，再悄悄地通过海运运到天津。

就这样，聪明机智的毛泽民与敌人成功地玩

了把金蝉脱壳。

从此，上海滩的杨老板消失了，但很快，天津又新开张了一家华新印刷公司，经理名叫周韵华，其实就是毛泽民。公司的干部和工人几乎都是上海的原班人马。

在天津，毛泽民不仅负责中央出版发行机关的工作，还兼任中共顺直省委的财务工作和秘密交通。他在天津最繁华的劝业场开了一家书店，作为印刷厂的秘密转运站。印刷厂印出的书刊先送到这家书店，再由书店分发、邮寄出去。

华新印刷公司在天津运转了近 1 年时间，尽管也发挥了一定作用，但毕竟回旋余地较小，报刊的发行和资金都极为困难。而且，天津离上海的党中央也太远，中央宣传品和文件从印刷到转运都很不方便，因而，到了 1930 年年底，毛泽民接到中央来电，要他再返上海重建印刷厂。

于是，毛泽民和妻子钱希均又风雨兼程重返上海。仅仅 1 年之隔，飞走的杨老板又悄然飞了回来，停业的秘密印刷厂又复活了。

这次，为了确保安全，毛泽民将秘密印刷厂

完全转入地下，对外不挂牌子，不营业，而且为缩小目标，防止被敌人一网打尽，他又将排版、印刷、装订、发行分在 4 个地方，每个地方只有少数几个人知道。

就在毛泽民整天起早摸黑为秘密印刷厂的筹备与重建忙得不亦乐乎时，他忽然获悉一个极为不幸的消息：嫂子杨开慧被敌人杀害了！

原来，大革命失败后，杨开慧独自带着孩子回到长沙板仓开展地下斗争。面对严重的白色恐怖，在与上级组织失去联系的情况下，她参与组织和领导了长沙、平江、湘阴等地武装斗争，发展党的组织。1930 年，红军两次攻打长沙。湖南军阀何健把对朱毛红军的仇恨都发泄到杨开慧身上。他悬赏大洋 1000 元捉拿毛泽东的妻子杨氏。杨开慧在群众的掩护下，几次都逢凶化吉躲过了敌人的追捕，但在同年 10 月 24 日，杨开慧潜回板仓看望母亲和孩子，因叛徒告密被捕。

1930 年 11 月 14 日，宁死不屈的杨开慧于浏阳门外识字岭英勇就义，年仅 29 岁。为了折磨毛泽东的亲人，凶残的敌人向杨开慧开了 3 枪，先把她打伤，让她流血，让她痛苦难耐，然后一下一下地把她折磨死。

听到噩耗，毛泽民独自抱头痛哭。随后，经组织同意，他找到地下交通员，让他们设法摆脱敌人的监视，把杨开慧留下的 3 个儿子——岸英、岸青和岸龙带到上海来。

岸英和两个弟弟来到上海后，毛泽民见到他们悲喜交集，他和妻子钱希均尽量给这些孩子更多的关爱。几天后，夫妻俩用平时省吃俭用节余下来的钱给 3 个侄子买了身新衣服，然后将化名杨永福、杨永寿、杨永泰的 3 个侄子送进大同幼稚园，让他们读书上学。

大同幼稚园是中共上海党组织创办的，最初的领导人是何叔衡。这以后，毛泽民和钱希均一有空就去那里看望岸英他们，给孩子们送去礼物和关爱。

谁知，仅几个月，一件意想不到的事件发生了！

这年的 4 月，原任党中央特科的负责人顾顺章在武汉被捕后忽然叛变了。这个叛徒掌握了党内太多的重要机密，党中央和上海的党组织面临着时刻被破坏的危险。

获悉顾顺章叛变后，周恩来果断采取了一系列措施，才保卫了中央领导同志的安全。由于顾顺章认识毛泽民，而且还知道联络暗语和接头地点，毛泽民已无法继续在上海工作了。中央决定毛泽民和钱希均尽快离开上海。

因为十分牵挂刚刚筹建的秘密印刷厂，更加放心不下嫂子牺牲后丢下的如今待在上海的 3 个侄子，毛泽民很不愿意离开上海，但是，这种时候，他又不得不离开上海。这种依依不舍的心情实在难以言喻。

04

赤都财魁

1931 年 6 月，端午节后，毛泽民和钱希均离开上海，来到中共广东省委工作，当时中共广东省委机关设在香港。

然而，才来到香港，毛泽民盲肠炎手术后遗症又复发了，因为怕暴露身份，不敢住院，只好由钱希均买些药回家治疗。尽管这样，香港还是无法再待了，因为紧随毛泽民夫妇之后，叛徒顾顺章带着特务也秘密来到了香港。于是，党中央决定派毛泽民去中央苏区工作，并沿途巡视中央交通局新开辟的通往中央苏区的秘密交通线。

7 月，毛泽民来到了闽粤赣红色革命根据地。他一到这里，就先担任了闽粤赣军区经济部部长，也就相当于现在的军区后勤部部长。

第一次来到苏区，毛泽民如同来到了一个新

的世界，看到这里到处生机勃勃，他感到一种从未有过的激动和喜悦。特别是那天，当红 12 军军长谭震林说要带他去见分别 4 年之久的哥哥毛泽东时，他的心情更是异常激动。

在叶坪村——中共苏区中央所在地，毛泽民见到了自己的哥哥毛泽东。他乡遇亲人，毛泽东那天显然也很高兴，竟然站在一片金黄金黄的野菊花丛中，老远就在迎接他。

初到叶坪，毛泽民夫妇没有住房。毛泽东就安排他俩和自己住在一起。那晚上，兄弟俩几乎彻夜交谈。毛泽民兴致勃勃地听哥哥讲中央苏区的开辟，讲蒋介石怎样一次一次地对中央苏区进行反革命“围剿”，而红军又怎样进行反“围剿”，一次次把敌人打得落花流水。然后，又说起了家乡，谈起了上海……

说到最后，毛泽东说到了正题，目前，中央正准备在这里召开中华苏维埃第一次全国代表大会。这次大会意义非同一般，这是中国几千年历史上第一次劳动者的代表大会，将要诞生第一个人民当家作主的工农革命政权。

“你来了好！”毛泽东用他的湖南方言对弟弟说，“你来参与这次大会的筹备，特别是600多名代表的吃和住，那可是个复杂的大问题呀！”

这以后，毛泽民尽管身体还很虚弱，却立即投入紧张的大会筹备之中。

1931年11月7日至20日，中华苏维埃第一次全国代表大会在叶坪胜利召开。在这次大会上，毛泽东虽然担任了中华苏维埃共和国临时中央政府主席和人民委员会主席，但这是王明等将他彻底排挤出红军的结果。也正是在这次重要的会议上，中央临时政府决定，筹建中华苏维埃国家银行。

当时的苏区之所以要建立自己的银行，实在是形势所迫。因为金融是国家经济的命脉，处在残酷战争环境的临时共和国，经济补给极为困难，财政金融秩序混乱，国民党反动政权动辄对根据地实施经济封锁……成立国家银行，以此统一财政，统一货币，已刻不容缓。究竟由谁出任国家银行行长？中央执行委员们曾提出几个人选，最后达成共识：这个行长非毛泽民莫属！

对毛泽民，不仅作为哥哥的毛泽东了解他，与毛泽民有过工作接触的周恩来、瞿秋白等许多中央执行委员都了解他质朴宽厚的为人和善于理财的特长。

说来真是令人难以置信。虽然临时中央决定要筹建国家银行，但在当时，一无办公用房，二无启动资金，三无专业人员，这国家银行还怎么筹建?

一开始，毛泽民真是压力山大。但在毛泽东的鼓励下，他还是凭着特有的对党忠诚、坚韧不拔和攻坚克难的精神，责无旁贷地开始了国家银行从无到有的艰难创业。

毛泽民首先想办法解决的是房子问题。无钱盖房，那就去借。毛泽民借到了一栋农民的小楼。说是小楼，其实不过只有四五间房。楼上3间，一间做了毛泽民这位行长的办公室兼卧室，另外两间分别是男女宿舍。楼下有一小厅做营业室用，另一间则做了库房。

其次，毛泽民解决的是人的问题。要创办国家银行，首先要有懂得金融财会业务的工作人员。

可是，在中央苏区，多的是“泥腿子干部”，真正喝过那么多墨水特别是懂金融的干部则少之又少。好在，毛泽民担任闽粤赣军区经济部部长时，对中央根据地的金融情况和人事情况都有所了解，所以，上任伊始，他就决定到闽西去招兵买马。

毛泽民选定的第一个人就是会计科科长曹菊如。贫苦家庭出身的曹菊如曾是闽西工农银行的创始人之一。1932 年元旦，曹菊如带着一个会打算盘、能用阿拉伯数字记账的同志，从长汀来到瑞金，加入创建国家银行的行列。创建之初，算上行长毛泽民，只有 5 名工作人员：会计科科长曹菊如，刚刚学会记账的会计钱希均，1 名出纳员，1 名勤务员兼管兑换，协助出纳工作。这便是国家银行的全部人马了！但就是这 5 个人，却管理着中央苏区二三百万人口、五六万军队的金融供给。

房子有了，人有了，接下来就是筹钱。可当时，行里所有的启动资金加起来也不过几担银圆和银器，还有就是一些国民党政府发行的纸币。就凭这点家当怎么能办银行？

那些天，毛泽民整天愁得睡不着觉。都说“巧妇难为无米之炊”，他自觉不是“巧妇”，更难为“无米之炊”，就在这时，哥哥毛泽东来看他，跟他开玩笑说：“润莲，如今你可是大老板，大银行家喽！”

毛泽民苦笑着，摇摇头说：“大哥，这些天我都愁死了，你还有心开玩笑！”

“哪里是开玩笑嘛！办法是人想出来的哟！发挥苏维埃银行的作用，统一财政，统一货币……筹款支援前线！”毛泽东开导弟弟说。

“对呀！”毛泽民一听顿时茅塞顿开，他心里想，要是按照市场需要的原则，发行适量数目的纸币，吸收群众的存款，再贷款给有利的事业，只要钱转起来了，这不就能有计划地调剂整个苏区的金融了吗?

“还是大哥有办法！”站在一旁的钱希均高兴地说，“润莲，还不感谢大哥！”

“是的，大哥，谢谢你！今晚我和希均请你和子珍嫂子吃饭！”

“那好嘛！润莲，在金融方面你比我强，你就放心大胆地干吧！”毛泽东这时也开怀大笑说。

但是，这天晚上，毛泽民却犯了一个错误，他和妻子钱希均用自己节省的钱从老乡那里买来几个鸡蛋，去食堂炒好后招待毛泽东和贺子珍。

那时候，苏区的生活实在是太艰苦了，就这几个鸡蛋也是轻易吃不到的。晚上吃饭，看到桌上一盘油汪汪的炒鸡蛋，毛泽东的笑容忽然不见了，他沉下脸对毛泽民说："这鸡蛋是哪来的？可不能去拿食堂的啊，否则就是贪腐，是要受处罚的！”

“大哥，鸡蛋是我们自己花钱从老乡那儿买来的，不是食堂的。”钱希均这时赶忙解释说。

“哦，那就好！”毛泽东说着拿起了筷子，但忽然又说，“鸡蛋是自己买的，可以，可是油和盐呢？你们想想，还不是拿食堂的啊？这样就不对了嘛！”

一听这话，毛泽民顿时惭愧地低下头，像一个犯了错误的小学生面对教书育人的老师。

毛泽东放下筷子，深情地望着弟弟，又严肃地劝导他说："我们都是共产党员，不论遇到大事小事，都应该时刻注意，要做到一尘不染才行啊……”

坐在一旁一直微笑不语的贺子珍这时也深有感触地说：“润莲，你可别怪你哥小题大做！润之说得对，千里之堤，溃于蚁穴。苏区如今还很困难，需要我们每个共产党员以身作则，从点滴小事做起才行啊！”

此事过了很久很久以后，毛泽民还始终印象深刻，经常咀嚼哥哥和嫂子贺子珍的那番话，从此处处严于律己，廉洁奉公……

1932年3月1日，中华苏维埃共和国银行在瑞金叶坪正式成立。毛泽民把统一财政作为首要任务：将接受财政部的全部库存现金存入银行，建立国家金库；规定打仗筹款和缴获的物资一律上缴金库；为执行中央根据地内统一财政、统一货币做准备。

但不久，毛泽东遭到排挤。

原来，1932年1月初，苏区中央局在瑞金开会，研究贯彻中央关于攻打赣州等中心城市的命令。毛泽东在会上坚决反对攻打赣州。会议否定了毛泽东的正确意见，决定攻打赣州。4月4日，临时中央机关报《斗争》发表了题为《在争取中国革命在一省数省的首先胜利中中国共产党内机会主义的动摇》的文章，点名批评毛泽东的主张是“右倾机会主义”。

这年的5月，蒋介石在前三次“围剿”失败后，又组织了60多万兵力，疯狂地向根据地发动了第四次“围剿”。

一开始，苏区中央局接受周恩来的提议，任命毛泽东为红一方面军总政委。在毛泽东等人的指挥下，红一方面军连续攻克乐安、宜黄、南丰3城，使中央根据地得到巩固和扩大。但是，到了9月，由于王明的“左”倾错误路线开始在中央根据地全面贯彻开来，毛泽东的正确主张完全遭到否定，毛泽东本人更是被“靠边站”。10月12日，中央军委发布通令，提出由周恩来替代毛泽东代理红一方面军总政委。

毛泽东受排挤，他的二弟毛泽覃也受到牵连，“左”倾路线执行者们撤销了毛泽覃苏区中央局秘书长的职务，要他承认“反党活动”。但毛泽民却并未因此受到影响，仍然继续当他的中央苏区国家银行行长。而之所以会是这样，倒不是这些“左”倾路线执行者们手下留情，而是因为他们尽管也批评毛泽民提出过的“打土豪筹款子”的经济政策是“建立在沙坝上的，像上海的帮头一样，钱来得很不光彩”、把苏区发行的纸币说成“向石印机瞄准”，但还不大敢为难毛泽民，更不敢撤换他。因为，他们也知道毛泽民的分量。他们清楚，在当时，毛泽民不仅是中央苏区卓越的经济领导人之一，而且是苏区军民公认的第一位金融家和实干家。在他的组织、策划下，中央苏区的财政积累已达数百万元，还有大量的布匹、食盐和衣物等，并且发行了印有“中华苏维埃共和国中央政府”字样的纸币、银圆和铜板，同时发行了经济建设公债，从而极大地稳定和促进了中央苏区的经济发展，有力地支援着红军的对敌斗争。

也正是因为毛泽民的无可替代，当时党内的那些教条宗派主义者才没去也不敢动他。

毛泽民做什么事都非常认真。一件事要么不做，要做就一定会想方设法把它做好。

一天黄昏，毛泽民办事回来，忽然看到不远处有几个农民正在烧着什么，走近了一看，原来是在烧一本发黄的旧书。说时迟，那时快，毛泽民赶忙冲过去，从火堆里一把抓起那本厚厚的旧书，定睛一看：啊，是《经济学》？他顿时又惊又喜，如获至宝。自打当上国家银行行长以后，他一直想自学经济和金融，可惜没有书，而现在，真是“踏破铁鞋无觅处，得来全不费工夫”。

于是，以后的许多天，毛泽民都抱着这本厚厚的《经济学》爱不释手，又是做摘要，又是写笔记，如同蚕吃桑叶一般，很快便吐出了“丝”：他草拟了《统一苏区货币及其办法》《发行纸币、铸造辅币的报告》两份文件上报中央。经中央批准，很快便在苏区拉开了自己制造纸币的序幕……

发行货币的准备工作要比筹建银行机构困难得多，花费的时间也长得多。当时，有的同志被眼前的困难吓到，就对毛泽民说：“还是先将就几年再说吧！”毛泽民不以为然，他说：“那些票子是敌人的，印钞机也在敌人那边，刀把子攥在人家手里呀！我们有了人民政权，就应该有人民的货币。

有困难不用怕，将来连天下都是人民的！”

发行纸币，首先要解决纸张和油墨的问题。纸张通常只能从白区进口，而国民党对此封锁很严。怎么办？毛泽民经过再三考虑，决定自己造纸。他发动群众，土法上马，采集纤维多的树皮、竹子、麻，收集破布、烂麻袋、烂棉絮等原料，然后用水漂，用米臼捣，用木棒捶打……

没有油墨，他就请教土专家，将松树上的油膏烧成烟油，再调些熟桐油就可以了。

纸和油墨的问题解决了。然后，毛泽民又多方打听，终于请到一个美术设计师设计苏区纸币，又托人从上海买来绘制钞票的两脚规和鸭舌笔，还买来刻制石印模的工具。

就这样，到了1932年的7月7日，中华苏维埃共和国最初的印有列宁头像的纸币正式发行了。从此，再也不用为国民党政府那动辄贬值如同废纸的货币担忧了。

新纸币在苏区的流通，很快就赢得了广大群众的高度信赖和欢迎。随着经济形势的逐步好转，就在1932年年底，毛泽民领导的国家银行又开始筹建生产银圆、铜板的造币工厂。

那天，在中央铸币厂——利用土豪大房子改装的厂房，几乎都是半裸着上身的工人们一个个挥汗如雨，终于用自己的土办法造出了中华苏维埃共和国的第一枚银圆，当时，在场的毛泽民小心地把这枚银圆拿起来，并高高地用双手将银圆举过头顶。然后，他忽然热泪盈眶地向大家躬身作揖，用一种从没有过的高亢的声音兴奋地向工人们说道：“同志们，谢谢你们了！你们做了一项重要的工作，党感谢你们，苏区的军民感谢你们，苏维埃政府，毛主席、朱总司令感谢你们！”

“哗”的一声，兴高采烈的工人们忽然不约而同地一起朝毛泽民身边涌过来，用满是汗水和油污的大手紧紧地将高大魁梧的毛泽民抬起来，举到空中，泪水也从他们的眼中夺眶而出……

随着事业的不断发展，对人才的需求越来越大。那天，毛泽民跑到红军大学，在一个个教室外东看看，西看看，然后，带着学校教务长轻手轻脚地走进“供给班”，自觉地坐到教室最后一排，好像在听老师讲课。

下课了。毛泽民微笑着走到讲台上，冲大家挥着手说："你们班的毕业生，我全部要了，一个不给别人。"

学生们听罢，一起鼓起掌来。

有个学生说："毛行长，你是哪个大学毕业的？"

毛泽民笑笑："我拜过孔夫子，读过几年私塾，上过农民运动讲习所，就是没有念过洋学堂，上过大学。老实说，我是工人夜校、自修学校毕业的。"

这时，又有个学生递上来一张条子："为什么会选您当国家银行行长？您怎么当好行长？"

毛泽民挠挠头，憨厚地笑了笑，说："这话问得好。当时，中央任命我当行长，我也这么问，为什么选我当？领导答复我说，因为你管过伙食账，管得还好，还会拨算盘，会用洋码字记账。而且还经营过书店。"

学生们听了，又是一阵欢笑。

毛泽民接着说："我虽然水平不高，能力有限，但既然党中央要我当这个银行行长，我就一定要想办法把它当好！而且，我现在的官衔可多呢。”说着，他扳着手指道，“中央经济特派员、银行行长、征集委员会副主任。当这么多官干什么？要发财，但不是我个人发财，而是要国家发财，为国家理财。有人说，老毛呀老毛，你是铁公鸡，一毛不拔。我说，我们是为工农持家，为红军理财的，一定要勤俭节约。要不，就没得吃穿，怎谈得上打反动派呢？即使将来我的钱多如牛毛，也不准乱拨。属于国家的钱，一个子儿也不准乱花！”

噼里啪啦地，只听教室内不断响起一阵又一阵热烈的掌声。学员们显然被毛泽民的话深深感动了。

是的，那是一个有许多人为国家为民族无私奉献直至英勇牺牲的年代，也是一个很容易让人感动让人肃然起敬的年代。

05 根据地的“矿老板”

常言道：富家易理，穷家难当。没钱，什么事都不好办，也很难办成。

自打 1932 年 3 月被中央临时政府任命为国家银行行长后，毛泽民实际上也就成了中央苏区的“大管家”。记得那天被任命为行长后，哥哥毛泽东半是玩笑半是认真地对他说：“润莲，你要当好我们苏区百万军民的家呀！柴米油盐酱醋茶，枪炮弹药梭镖叉，你的担子不轻哦！”也就是从那时起，毛泽民就感到心中沉甸甸的。

是啊，都说“巧妇难为无米之炊”，他这个几乎白手起家的国家银行行长也真的是很难当。1929 年 1 月 14 日，朱德、毛泽东之所以率领红四军主力离开井冈山，用毛泽东自己的话说，就是“因经济无出路”，才被迫转战赣南谋求更为广阔的生存、发展空间。可是，来到赣南建立中央苏区之后，那么多的军民每天一睁开眼就要吃要喝，而且红军还要打那么多的仗，花那么多的钱，而根据地就那么大，财力就那么多，加上国民党政府一直对根据地严密封锁，苏区军民的日子真的是很难过！

怎么办？单靠以前的那种“打土豪”肯定不行，靠红军打了胜仗缴获一些战利品也不行，靠根据地有限的那点税收更不行，眼瞅着国库里本就不多的那点儿光洋一天天减少，大家的眼睛都不约而同地转向毛行长，希望毛行长能够创造奇迹。

的确，在许多人的心目中，毛泽民是个很有办法的人，就说蒋介石对苏区实行经济封锁吧，食盐紧缺一直是苏区军民难以解决的问题。如果长期不吃食盐，人不仅浑身没力气，而且也无法活命。为了解决这个问题，毛泽民经常冥思苦想，后来，他终于想出办法，先是让苏区的一些战士和老百姓化装成乞丐到白区去“讨饭”，然后想法买些盐藏在“讨饭篮子”底下，躲过敌人的盘查带回苏区。后来，他又想出办法，让人扮成农民挑着粪桶或推着粪车去白区往苏区运大粪，而这些粪桶或粪车都是事先经过特制的，上面装大粪，中间用木板隔起来，下面藏食盐……后来，甚至还用送葬的方式，把食盐藏到棺材隔板底下，大摇大摆地运进苏区。

就这样，毛泽民煞费苦心，硬是想出各种办法，把在白区尽量能买到的食盐偷偷运进苏区。

可是，纸可以自己造，盐可以去“偷运”，那么多的钱从哪里来呢？当时，整个苏区财政已经出现了 6 位数的赤字，有人提议说要加印钞票。毛泽民和邓子恢商议时坚决反对。

“还要加印？”毛泽民摇着头说，“我们已发行了 400 万元。算算看，全苏区才 200 万人口，货币发行太多了！”

邓子恢苦笑着说：“总得有个应急措施。”

毛泽民说：“从根本上增加财政税收，加强货币回收。”

邓子恢说：“道理是对的，可眼下到哪儿去增加财政税收？”

是啊，这些年，毛泽民又是组建木材公司，兴办樟脑厂、造纸厂，还组织人去淘金、熬硝盐，能想的办法都想了，但也只是杯水车薪，根本解决不了苏区那么大的资金缺口。眼下，还能有什么增加财政税收的渠道?

毛泽民说:“开源节流，双管齐下，一方面招财进宝开挖财源；同时，开展节约开支反对贪污浪费运动，把发行货币改为发行‘战争短期公债’。暂时向人民借，等我们缓过气来了，就如数还。”

邓子恢想了想，就说:“有道理，我同意发行公债。”

可是，当他俩跑去向毛泽东汇报时，毛泽东摇头反对道:“发公债是缓兵之计，发钞票、发公债，都是发纸，开银行不是开纸行。要有金山银山做靠山，只有发展经济，才能保证供给。”

临走，毛泽东把包好的一捆线装古书交给毛泽民，对他说:“俗话说，‘靠山吃山靠水吃水’，靠着瑞金就要吃瑞金喽！这可是百宝书，我建议你们好好读读。”

回到家里，毛泽民赶紧把那一捆线装古书打

开，发现里面有《嘉靖赣州府志》《瑞金县志》《于都县志》《兴国县志》……

钱希均说：“你看这些破书干什么啊？难不成能看出金子银子来？”

“大哥说这些都是百宝书。”毛泽民这时正拿着一本《瑞金县志》在认真地翻阅。过了一会儿，他忽然吃惊地喊道：“希均，你快来看！你知道瑞金的来历吗？原来是来自‘挖地得金’‘合生瑞气’呀。”

钱希均说：“听老表说，在历史上绵江、下坝溪有过淘金热。”

毛泽民依旧看着《瑞金县志》，才一会儿，他又兴奋地喊道：“书中记载说，在会昌的铁山垅、安远县的盘古山有大量的乌金。乌金？那不就是钨矿吗？”由于激动，毛泽民这时一下子站了起来，“难怪大哥说是百宝书！我有办法了！”

第二天，毛泽民顶着腊月的寒风，带着苏兴国立即动身。在船上他问苏兴国：“出产钨砂的铁山垅、盘古山离你们老家那里不远吧？”

苏兴国说：“是的，搞钨砂走私的，都是从我们三江口一带进出。”

“好，我们去看看。”

赣南钨矿的发现、开采始于清末民初，鼎盛时采矿点多达上百个，矿工超过 10 万名，产销 6000 余吨。第一次世界大战期间，各帝国主义国家拼命扩充军备，争相以钨钢制造军械，都把魔爪伸向中国，在赣南大量开采钨矿。但因当时国内“不自冶炼，纯销外洋”，矿山与市场均为西方列强的买办商人所操纵、垄断，他们为虎作伥、贱买贵卖，硬是把优质钨精矿压成了萝卜价。

1929 年年初，朱德、毛泽东率领红四军主力被迫离开井冈山，转战赣南谋求更为广阔的生存、发展空间。沿途但见矿井星罗棋布、钨砂晶莹闪亮，久困弹丸之地的红军官兵眼界大开，情不自禁地为之欢呼、喝彩。朱德极目远眺，赞不绝口：“‘特矿之首’，果不其然；‘世界钨都’，名不虚传！”毛泽东触物兴怀，踌躇满志，欣然说道：“若得赣南钨矿资源，何愁给养没有着落？何愁革命不能成功？”但这几年来，由于战事频繁，一直无法形成有规模的生产。

在铁山垅和盘古山，毛泽民翻山越岭，沿着许多蜿蜒崎岖的山路察看挖砂点和工人棚户区，与挖砂工人们亲切交流，仔细了解情况。当听说一担稻谷才卖 2 块大洋，而一担钨砂能卖 8 块大洋时，他兴奋不已："这样丰富的钨矿源，可是我们中央根据地的'聚宝盆'啊！"

回去以后，毛泽民立即给中央政府写报告，建议成立中华钨矿公司。他的报告很快便引起中央政府的特别关注。两天后，报告就批复下来："着毛泽民筹办。"

毛泽民说干就干，一下子动员了 500 名工人，组成了 5 个挖砂中队。1932 年 3 月，中华苏维埃共和国临时中央政府在于都铁山垅大窝里召开中华钨矿公司成立大会，国家银行行长毛泽民出席会议并讲话，全体采矿红军、工人，各矿场代表等参加了大会。胡克功任中华钨矿公司总经理。

可是，转眼 8 个月过去了，中华钨矿公司的生产却没有多大起色。这下可急坏了国家财政部部长邓子恢。经过调查，他发现胡克功有贪污行为。于是，邓子恢毅然决定撤掉胡克功，由毛泽民亲自兼任总经理。

胡克功是毕业于燕京大学的高才生，这位上海绸缎商的公子，能够背叛其富商父亲，从其豪华的家庭出走，出来闹革命，在毛泽民看来，实在是难能可贵。

对这位“才子”，非常爱才的毛泽民一心想挽救他，所以，特意找他谈心，在指出他整天吃喝、享乐腐化，严重违反了红军纪律的同时，真诚地希望他能认识到自己的错误，痛改前非……但是，在私下长谈了将近 5 个小时之后，胡克功非但没有半点愧疚悔改之意，反而自始至终嘴上挂着轻蔑的笑容，最后对毛泽民冷冷地说：“撤职，查办，杀头，我在所不惜！我还是那句老话——山沟里的马列主义……”

如此一来，毛泽民彻底失望了。第二天，他便召开大会公开宣布中华苏维埃共和国临时中央政府国民经济部的决定：撤销中华钨矿公司总经理胡克功的职务，由毛泽民同志兼任中华钨矿公司总经理的职务。

工人们一听，顿时响起一阵热烈的掌声。

新官上任，毛泽民立即大刀阔斧地做了3件事：撤销了挪用公款的工会委员长，调整干部，充实中队班子；改善矿工生活和工资待遇；扩大生产，奖励生产。

以前国民党统治，工人生活无人问，死活无人管。毛泽民决心改变这种局面。到任第一天，他就召集工友们开会，宣布："总公司借给每个工人生产成本20元，发给每人食盐3两，单衣1套，棉衣1套，有病有痛包治包医。"

工人们听了，将信将疑。但很快，毛泽民就兑现了承诺。尤其是在铁山垅钨矿公司开设了门诊部、药房和住院部，为矿工和家属治病，让工人们特别感动，由此对毛泽民对共产党特别感激。

1932年5月，蒋介石对中央苏区进行第四次反革命"围剿"，苏区的生活物资奇缺，市场价格昂贵：1斤钨砂竟换不到1两盐，换不到1只鸡或1尺土布。

为了保证矿工生活，毛泽民借鉴自己当年在安源煤矿时组织工人建立消费合作社的经验，在中华钨矿总公司号召组织建立股份制消费合作社，在所属矿区先后成立了 7 个消费合作社，几乎所有的矿工都入了股。

毛泽民着力抓扩大生产，奖励生产也很有办法。他主张一手抓公营矿场，一手将分散、个体的挖砂民工组织起生产合作社或作业组。合作社成立的时候，工人们都笑逐颜开，因为，他们知道，生产合作社是矿山工人自己组织起来的生产机构，是工人自己当家作主的合作社！消费合作社所经营的生产资料和生活物资，由钨矿公司统一解决。钨矿公司直接与生产合作社或作业组签订产销合同。

如此一来，工人们的积极性被调动起来了，生产热情空前高涨。见此情景，毛泽民决定趁热打铁，他不仅自己带头下矿挖砂，而且提议大力开展生产竞赛、节约竞赛、购买公债竞赛。在这些竞赛中，有着主人翁精神的工人们人人不甘落后，个个奋勇争先，就这样，矿上的钨砂产量在不知不觉中得到了很大的提高，生产成本也大幅下降。

钨砂开采出来了，接下来，销售却成了问题。因为，自从蒋介石对中央苏区的第三次“围剿”失败后，便开始加紧对中央苏区的严密封锁，妄图从经济上把红色根据地困死。为此，蒋介石曾在江西省府南昌设立了赣江封锁处，严令“断绝任何一切物资流入匪手即临近匪区人民”。

敌人的经济封锁几乎断绝了苏区与白区之间的贸易。根据地农民生产出来的稻谷、花生、大豆等农产品和山区的茶叶、烟叶、香菇、木材、樟脑等土特产以及出口紧俏的矿产品钨砂等，都卖不出去，价格一跌再跌。同时，苏区急需的食盐、布匹、煤油、西药等又很难运进来。为此，中央政府明确指出：“一切苏维埃的商业机关必须尽量利用私人资本与合作社资本，同他们发生多方面的关系……鼓励各方面群众的与私人的商业机关的自动性，去寻找新的商业关系与开辟通商道路。”

身为苏区的“大管家”，毛泽民密切关注着苏区的对外贸易工作，为此他绞尽脑汁。

在毛泽民看来，钨砂出口是对外贸易的重头戏。眼看着大量的钨砂卖不出去，心急如焚的他在和邓子恢商量后，终于打定主意：在赣州的江口开展钨砂贸易！第一步，先在江口设立赣江河流办事处，专门负责江口对内对外物资的水陆交通运输。

第二步是向赣州打开钨砂出口的突破口。

经过仔细分析和研究，毛泽民决定采取“以毒攻毒”的方式，打开钨砂出口的缺口。因为在旧中国，国民党政治腐败，许多军政要员都有自己的买卖，而且军阀割据，互不买账。当时广东军阀陈济棠既炒黄金，又收钨砂。而陈济棠和蒋介石矛盾很深。毛泽民获悉，陈济棠手下有个师长名叫李振球，他有一胞弟正是赣州一家最大商号“广裕兴”的大老板。这个大老板想方设法想和苏区做钨砂生意赚钱。

毛泽民果断决定，将突破口就选在此人身上。

经过秘密接触，“鱼儿”很快就上钩了。当陈济棠、李振球听说又有新的发财之路，能赚大钱，无不喜出望外。于是陈济棠第一军军长余汉谋立刻派自己的亲戚、团长赵林做代表，与红军进行秘密谈判。

那天，当毛泽民将谈判情况向哥哥毛泽东汇报时，毛泽东点起一支烟，思考片刻，然后轻轻敲着桌子说：“……大宗钨砂卖给外国人，出租或与资本家联合开采矿山……”

毛泽民赶紧插话说："闭关自守是自己卡自己的喉咙。不放开政策，经济上永远是一潭死水，死水是要发臭的。"

毛泽东看着他说："我今天才发现你在上海工作几年之后，比我胆子更大。"

毛泽民笑笑说："明摆着，他们为赚钱，我们为生存。引进设备、资金对我们有益无害。资本家和洋人有什么可怕？列宁在《论'左'派幼稚病》中说过，'为了一个目的达到，可以与魔鬼打交道'。"

毛泽东这时点点头，笑着说："后面还有一句，'不过要记住，不要让魔鬼领着我们走，而是我们领着魔鬼走'。"

很快，红白双方便达成了钨砂交易秘密协定：进口货物由驻防在赣州的粤军第一师李振球部护送，从广东经信丰江运入苏区，再从苏区运钨砂给双田公司。

李振球在赣州与红军做上钨砂生意后，驻扎在城外的其他粤军军官也都发财心切，纷纷同当地商人乃至广州的几家洋行合伙，与苏区暗中做起买卖来，用食盐和布匹交换苏区的钨砂和农副产品。其中，胜记布庄一次就给苏区运来300卷棉布，合3万多尺。

由于毛泽民等人的共同努力，从1932年钨矿开工到1934年10月中央红军被迫长征，中华钨矿公司发展到最大规模，仅盘古山、铁山垅、小垄3个公营矿场就有工人近5000人。中央苏区共生产钨砂4193吨，销售总值达400多万元，增加了苏维埃共和国的财政收入，逐步弥补了苏区的急需，有力地支援了当时的中央苏区革命。

06 挑着“银行”去延安

1933年1月下旬，正当红军第四次反“围剿”的战斗处于关键时刻，以博古为首的中央首脑机关突然从上海来到了瑞金。而之所以这种时刻迁到瑞金，乃是因为顾顺章、向忠发相继叛变，中央机关已经无法在上海立足。博古来到苏区，统揽大权，继续在政治和军事上推行“左”倾路线，并为此打击了一大批坚持正确意见，有实践经验的领导干部。从1933年2月开始，他们在福建开展反对“罗明路线”的斗争；3月，又在江西开展反对“江西罗明路线”的斗争。通过这两次错误的党内斗争，更加强化了“左”倾错误方针在中央根据地的统治。

这些斗争，实际上反对的是以毛泽东为代表的正确主张，对于反对国民党军队第五次“围剿”的斗争产生了极为不利的影响。

1933 年 9 月，蒋介石首先以 50 万兵力，对中央苏区发起第五次“围剿”。“围剿”的政策是“堡垒推进，步步为营”。国民党军队不断地向中央苏区腹地推进，其飞机不时飞到瑞金沙洲坝轰炸。局势眼看越来越紧。1934 年 7 月，中央政府和中革军委迁到瑞金以西的背梅坑。毛泽东搬往高围乡云石山的一座古庙里居住。毛泽民和他领导的国家银行也从沙洲坝迁至下陵子。这里距云石山不到一公里。那天，毛泽民心事重重地来到云石山，找毛泽东商量国家银行金库搬家的事。毛泽东问道：“你们准备搬到哪里去？”毛泽民回答：“想搬到兴国一带去。”

毛泽东沉思后说：“敌人已经到了藤田、东固、黄沙岭一带。你搬到兴国去怎么行？”停顿了一会儿后，他又说，“我看还是立即分散，让部队自己管起来更好。你们研究研究，看行不行。”

第五次反“围剿”开始后，“左”倾领导者主张“御敌于国门之外”，使红军在战略上完全陷入被动。当时红军的战法是“堡垒战、阵地战与短促突击”，和优势敌人拼消耗。这种打法只有在军事实力对等的情况下才有效。敌强我弱时只有等着挨打。因此，王明“左”倾机会主义路线给党带来了惨重的损失，却给蒋介石造成了可乘之机，他要将红军置于死地而后快……

在这种情况下，红军只能被迫撤离中央根据地了。

10月中旬，中央红军主力跨过于都河上的浮桥，从此拉开了震惊世界的二万五千里长征的序幕。

由于中央主力红军进行战略转移只是博古等少数人秘密决定的，所以直到红军长征前5天，毛泽民才得知转移的消息。

“撤出根据地？”他的心里很难受。是啊，几年来好不容易才挣来的这么些“家业”，还有那么多的钨砂，就这样丢了，他怎么能不难过呢？

尽管这样，他还是紧急组织国家银行的全部人马或清理银圆、钱币，或拆卸石印机、造币机……反正能装箱的装箱，不能装箱的放进箩筐。

离开苏区时，国家银行、财政部和外贸局等经济部门被编为第 15 大队。全大队共有 14 名干部、200 多位运输员和 1 个特务连。大队长袁福清，政治委员毛泽民。

第 15 大队担负着运输国家银行的钞票、金银等贵重物资的重要任务。尽管按照毛泽东的意见，毛泽民已经把金库中的大部分家当分给各军团保管使用，但剩下的仍有几十担光洋、部分纸币，还有一些金子和珠宝首饰，在长征途中被称为“扁担银行”。这些都是毛泽民担任国家银行行长以来辛苦积攒下的最后的家底，也是中央红军长征途中的后备资金。当时，第 15 大队被视为中央红军的命根子，因而前后左右都有红军重点保护。

在第 15 大队的运输员中，多数是犯了“错误”的红军指战员，是被王明路线打成“AB 团”或“社会民主党”的，并非雇用的挑夫。有的人因为在一起喝了点儿酒，说了两句牢骚话，或者在一起打过扑克，就被说成是“AB 团”或“社会民主党”。

对苏区“肃反”扩大化，毛泽民一直有看法。他认为，“肃反”是对的，但太过分了。就说这些“犯错误”的运输员吧，大多是蒙受冤屈的好同志。他们在残酷的战争中，在遭受无端打击的情况下，仍然坚定自己的政治信仰，仍然坚持革命，真的难能可贵。因此，在长征路上，毛泽民对他们格外照顾。尤其是经常闹肚子的黄亚光，毛泽民还把自己的马给他骑。

黄亚光曾经是毛泽民从刀下救出来调到银行的，中华苏维埃共和国国家银行发行得最早的钞票图案就是由他设计的。在长征出发前，有人提出黄亚光是“社会民主党”的嫌疑分子，不能让他跟随部队长征。

毛泽民当即就表示反对：“我看他没有什么问题，是个好同志。他有特长，我们要用。没有他，我们的票子就发不出来！”说到这里，毛泽民动了真情：“我们红军长征，是为了保护自己的有生力量，经济工作方面的人才，也必须保护……我还是那句话，有问题我们可以控制使用，但是，他必须跟我们走！”

正是在毛泽民的一再坚持下，黄亚光才终于经历了二万五千里长征。

由于“左”倾路线领导人的错误指挥，红军刚离开苏区时几乎把坛坛罐罐只要能带的东西都带出来了，大转移变成了大搬家。特别是第 15 大队，运输员们或是几个人费力地抬着国家银行的石印机或造币机，或是挑着纸张、纸币、银圆或油墨，不仅把人累得够呛，而且行军也很不方便。

然而，在长征开始的前 3 个月里，为了摆脱敌人的围追堵截，红军日夜兼程，一路强行军，为了躲避敌机的侦察和轰炸，多半都在夜间行军。第 15 大队的运输员们，每人挑着至少六七十斤重的担子，几乎天天急行军，其辛苦和劳累可想而知！

说来，长征途中真正是“官兵一致同甘苦，革命理想高于天”，在第 15 大队，红军战士都异常辛苦，即便是上了年纪的林伯渠也概莫能外。

在长征途中，第 15 大队一直履行着国家银行的职责。全军的经费开支由没收征发委员会和国家银行供给。当时，供给部部长林伯渠是没收征发委员会主任，毛泽民是副主任。虽然已经年过半百，须发灰白，还戴着深度近视眼镜，但林老却精神矍铄，始终洋溢着革命乐观主义精神。为了研究筹粮筹款等问题，毛泽民经常与林伯渠一路同行。尽管林老也配了一匹马，但他却很少骑，总是把大量的文件和警卫员、饲养员的背包驮在马背上，自己则拄着一根从瑞金带出来的木棍子，与大家一起徒步行军。好多次，警卫员请他骑马，林老都挥着手中的木棍风趣地说："大家都是用两条腿走路，我现在已经多了一条'腿'，为什么一定要用四条腿呢？"

林老的一席话，把毛泽民和大家都逗乐了。

其实，在第15大队，要说最忙碌、最辛苦、最操心的无疑就是毛泽民。每天他都跑前跑后忙个不停，全力照顾着一字长蛇阵的"扁担银行"。每天，部队到达宿营地他都要带着人仔细盘点，离开宿营地时，他又会仔仔细细地清查。为了减轻炊事员的疲劳，毛泽民作出一条规定：每隔10天，要让炊事员们休息一天，由干部轮流做一天饭，他自己也不例外。起初，炊事员们都不同意，但毛泽民自己带头先开始做饭了，因为他的工作太忙，大

家都不同意他参加做饭。毛泽民听后，严肃地说："你们能做的事，我怎么不能做呢？难道我就不吃饭？"就这样，这一制度从长征开始，一直到过草地还在执行着。

在行军途中，毛泽民时刻关心着将士们的安危，时刻保卫着"扁担银行"的安全……

在部队经过广西山区时，驻地经常发生火灾。不是借住的老乡的房子着火了，就是附近老百姓的房子着火了。本来行军一天战士们已经疲惫不堪，困得不行，这种时候却要半夜爬起来救火，真把人给折腾死了。

"奇怪，为什么老是发生火灾？"接二连三地发生火灾，让毛泽民的心里充满疑团，他觉得这其中一定有"鬼"……

果然，通过实地调查，仔细分析，顺藤摸瓜，毛泽民终于发现了破绽，原来每次火灾都与一个路上招收来的挑夫兼向导有关。经过进一步追查，终于查清这个挑夫原来竟是敌人派来混入红军进行破坏和捣乱的特务，经过请示，当场就把他处决了。

1935 年 1 月，红军攻克了长征以来第一个大城市——遵义。

此时，乌江成了红军的天然屏障，刚刚到达贵阳的薛岳正忙着抢夺贵州大权，而遵义附近的其他部队也难以对红军造成实质性的危险。由此，一直被动挨打的红军终于可以暂时松一口气了。

正是在这样的关键时刻，中国共产党召开了一次决定中国共产党、中国工农红军以及中国革命的前途和命运的关键会议——遵义会议。

这边中央政治局在开会，那边，攻克遵义后，林伯渠和毛泽民带领没收征发委员会的同志积极组织红军战士没收官僚军阀的财产，分发给穷苦人民，以实际行动发动群众。他们还贴出安民告示，宣布经商自由，买卖公平。遵义城的老百姓看到红军纪律严明，不拿群众一针一线，第二天市面就恢复了平静。

中央红军从瑞金出发时有严格的纪律规定，沿途不准发行苏区纸币。但到遵义后，情况起了变化，准备在此建立根据地。因此，国家银行发行了苏区纸币，面值与光洋相等。由于红军不仅买卖公平，而且纸币兑换完全兑现，大小商人都非常欢迎。

虽然，当年红军在遵义仅住了短短的 12 天，但国家银行发行的“红军票”在遵义群众中却影响很大，当地百姓都说：红军好，不坑人，“红军票”值钱。

从某种意义上说，遵义可谓是中国共产党和中国工农红军起死回生重新恢复元气的“福地”。在这里召开的遵义会议确立了毛泽东同志在全党全军的领导地位，至此，才拨正了中国革命的航向。遵义会议之后，红军移师北上，用兵如神的毛泽东“四渡赤水出奇兵”，于 5 月初巧渡金沙江，完全跳出了数十万敌人围追堵截的包围圈，取得了战略转移中具有决定意义的伟大胜利！

在此期间，为适应机动灵活的需要，红军部队再次精简和轻装。国家银行倒掉了油墨和铜币，焚烧了大部分纸币，将剩余的几担金银分散到部队。由于人员减少，第 15 大队的编制被撤销，国家银行实际不存在了，只剩下曹菊如带着两担金子，曹根全带着银行账簿和传票，被编入林伯渠领导的供给部。

而且，也就在这时，毛泽民竟遭受了政治上的打击和报复，被撤销了第 15 大队政治委员的职务。他没有资格听取关于遵义会议的传达，甚至连遵义会议的决议案也始终不发给他看。毛泽民曾提出抗议。中央纵队的一位负责人便用报复手段，取消了他的马匹和警卫员。

而之所以这样，是因为遵义会议后，毛泽东只是有了发言权和建议权，直到第三次渡过赤水后，才真正拥有了军事指挥权。因而，在此期间，那些在遵义会议上失了势的“宗派主义者”便把气撒到毛泽民头上，让他代兄“受过”。

于是，长征以来历尽艰辛，率领“扁担银行”担负着党中央和红军部队的粮食和钱款，为党和红军作出了那么大贡献的“赤都财魁”毛泽民，到了这时，便只能拖着多病的身躯艰难地行进在普通战士的行列中。直到原中央白区工作部部长、时任军委纵队政治委员的陈云发现了这一情况找到周恩来详细作了汇报，在周恩来的关照下，毛泽民才被安排到中央纵队保管处任副主任。

1935年5月20日，红军绕道通过西昌，到达泸沽，准备通过彝区。中央军委任命总参谋长刘伯承和红一军团聂荣臻分任司令员和政治委员，组成中央红军先遣队，进行战略侦察，逢敌开路，遇河搭桥，为红军北上杀开一条血路。先遣队下设先遣工作团，由曾遭受“左”倾错误路线打击的原中央红军总供给部部长杨至成任团长，毛泽民任副团长，负责为长征大军搜集粮草。

长征中，红军失去根据地的依托，每天都处于流动状态，要为那么多的红军将士筹集粮草，其困难可想而知！但尽管这样，毛泽民和杨至成一起，在极端困难的条件下，每天都想尽一切办法为部队筹措粮食和给养。

正是这样劳累过度，加之旧病隐患，一次，他吐了鲜血。同志们都很惊恐、担心，围在他的身边问候、安慰，各种关心敬爱之情溢于言表。毛泽民稍事歇息，对大家说：“同志们赶路吧，我这是老毛病，过一会儿就好了。”

7月中旬，红军到达川北的毛儿盖时，先遣团和供给部合并，成立总供给部，由林伯渠任部长，毛泽民任副部长。原来跟第15大队长征的国家银行的同志，这时又都集中到了总供给部。这期间，毛泽民协助林老，主动承担了大部分工作。

9月18日，红军翻越岷山，进入甘南哈达铺。饥饿、疲惫的红军指战员在这里得到了一次短暂的休整和补充。每个指战员都分到两块银圆。这是毛泽民率领“扁担银行”从万里之遥的中央苏区一路用肩膀挑到这里的，为此，曾洒下了多少鲜血和汗水？

在回忆这段历史时，作为他的妻子，多年后钱希均仍然深有感触：“泽民平时就很关心爱护同志，在长征路上，更加关心备至……大家都知道他有马，但很少见他骑，他的马不是驮物品，就是让有病的同志骑……可泽民自己，却穿着一双草鞋在雪山、草地中跋涉。由于天寒地冻，他的一双脚裂开了好几条口子，鲜血印在了雪山草地上，同时脚被草地的毒水浸泡，又感染化脓，一直到瓦窑堡还未好。”

1935年10月，红一方面军到达陕北，取得了二万五千里长征的胜利。

毛泽民带着自己的妻子钱希均以及国家银行的同伴们挑着“银行”历尽千难万险也终于来到了陕北。把国家银行的珍贵资料和黄金珠宝完好无损地带到了陕北根据地，无异于取得了红军“经济长征”的胜利。

所以，有人曾这样说：“毛泽民率领的是一支特殊的红军部队，他们虽然没有真刀真枪地与敌人作战，但他们同样是战士。几万红军天天在流动，没有根据地，每天都要解决吃饭的问题，这个担子相当重。他们挑着国家银行的全部家当，支撑着中央红军走过万水千山。毛泽民的职责不亚于前线的军团长和政委。”

长征，锻炼了每一名红军将士的革命意志。长征中血与火的生死考验，让毛泽民更加坚信“听哥哥的话没错”。

的确，在当年，毛泽东的革命路线是被实践证明了的中国革命唯一正确的路线。

07 陕甘宁的毛部长

1935 年 11 月 21 日，毛泽东亲自指挥红一、红十五军团在直罗镇联袂作战，彻底粉碎了蒋介石对陕甘根据地的第三次“围剿”。直罗镇战役的胜利，为红军在西北建立广大的根据地举行了奠基礼！

然而，红军要在陕甘地区建立根据地，形势却不容乐观。一望无际的黄土高原，沟壑纵横，土地贫瘠，交通闭塞，有些地方连人畜饮水都非常困难。在国民党军阀的苛捐杂税与豪绅地主的高利贷高地租的残酷剥削下，这里的群众生活极其贫困，连温饱都很难满足。如今，一下子来了这么多的红军，连喝水都成了问题，更别说是要解决吃饭问题了。所以，当时有人认为，红军暂时在这里活动可以，但要在这里长期待下去则几无可能。

后来，毛泽民在莫斯科向共产国际汇报时也说：“在地图上，边区的面积似乎不大，但实际上是广大的空间。是多山地区，地貌复杂。陕西西部和宁夏东部缺水（相距40里才有一口水井），无法为部队建设营房。”

那天，陕甘支队召开团以上干部会议。毛泽东看着会场上那些衣衫褴褛、憔悴不堪，形同一大群乞丐的红军指挥员，禁不住流下热泪。他动情地说：“我们失去了中央根据地，牺牲了许多同志，遭到很大的损失，但是，我们胜利地到达目的地，目前的革命形势已到了拂晓。”当前的任务是：进行军事、政治教育；争取群众，扩大红军；改善生活，充实被服。

挑着“银行”刚刚来到陕甘的毛泽民也参加了这次会议。聆听了哥哥毛泽东的报告，他感到无比振奋，决心在建设陕甘根据地的工作中尽己所能，多作贡献。

到底是北方，才进入初冬，陕北的天气就已经很冷了，可是我们的红军战士还穿着单衣，各种军用物资和器材也非常紧缺，亟待补充。会后，毛泽东和彭德怀找来总供给部部长林伯渠商量被服、西药、无线电器材和兵工厂器材等问题。

从毛泽东那里出来，林老立刻把自己的副手毛泽民找来研究工作，只见林老的小本本上密密麻麻地开列了一大串急需设法购买补充的衣被药品以及军用物资。

当初，毛泽民率领国家银行离开中央苏区时，第 15 大队“扁担银行”挑着的几十担银圆和一些金银财宝，此刻已经所剩无几。如今陕甘边区地域狭小，当地又没有多少土豪可打，一下子到哪里弄那么多钱去购买那么多的急需物资呢?

幸亏先期到达陕北的红十五军团军团长徐海东获悉此事慷慨解囊，从他们仅有的 7000 元大洋的家底中，毫不犹豫地一下子拿出 5000 元大洋，雪中送炭般送给党中央，才暂时为中央红军解了燃眉之急!

不久，毛泽民被任命为国民经济部部长兼贸易总局局长。国民经济部各部门在他的统一指挥下，紧张有序地高效运转起来。

陕北这地方虽说也产棉花，但要一下子采购

那么多棉花为几万红军做棉衣显然远远不够，还需要到关中的韩城、澄城、蒲城一带去采购。而那些地方都是国统区，即使采购到那么多布匹和棉花，想要通过敌人的封锁线运回陕北也不是一件容易的事情。

为了能尽快采购到棉花和布匹，毛泽民亲自带队，外出开展调研。这天，他和副局长余建新等几位同志一起出去实地考察。时值隆冬，呼啸的北风夹着大片大片的雪花铺天盖地，像是要把大地上的一切都冻僵似的。走在前面的毛泽民头戴一顶补了又补的旧棉帽，身上的衣服破旧单薄，大冬天了，脚上还穿着一双旧草鞋，一步一步，在雪地里蹒跚地行走着……忽然，跟在他后面的余建新发现，在毛泽民走过的雪地上，断断续续地留下了一个又一个鲜红的印痕。

“啊，毛部长，您的脚……”余建新喊道。

“我的脚怎么了？”听到喊声，毛泽民回过头来。

“毛部长，您的脚流血了！”这时，同志们都一起喊道。原来，毛泽民的脚被冻裂了，张开几个

大血口子，正往外流着鲜血。

毛泽民低头看了看自己的脚，然后抬起头，尽量显得很轻松地笑着说：“哦，没什么，老毛病了。哈哈，这是长征留下的纪念。”说着，又转回头继续朝前走去。

外出调查回来后，毛泽民迅速召开外贸局全体人员动员会：“现在战士们都在挨冻，都在盼着我们弄回棉花和布匹。虽说这项任务非常艰巨，我们即使采购到棉花和布匹，也必须突破敌人的封锁线，深入国民党统治区，但我们决不能辜负党中央和战士们的希望呀！”

按照毛泽民的部署，外贸局的同志很快行动起来：一部分人经过化装，秘密南下到关中一带，去采购布匹和棉花；还有一部分人去寻找关系，设法打通运货的渠道。

经过仔细了解，从关中地区直接北上，要经过国民党部队设置的许多关卡。而陕北清涧对岸的黄河渡口相对比较薄弱，从这里打开经济封锁的缺口无疑是最佳选择。

于是，毛泽民来到清涧，通过驻在这里的红

军部队，在这里设立了一个联络处。经过努力，联络处的同志很快便与河对岸的阎锡山部队的守敌营长拉上了关系，先是和他打牌故意输钱给他，临走给他送些烟叶等土特产以赢得他的好感，随后再对他进行说服和教育，向他宣传抗日救国的道理……所有这些都是毛泽民事先授意好的“圈套”，叫作“收买与教育”相结合。

就这样，“缺口”很快就被打开了。这以后，从关中地区采购的3万多匹棉布和大量的棉花，被源源不断地运回陕北。布匹和棉花刚一运到瓦窑堡，毛泽民就立即动员陕甘宁边区的妇女主任，发动边区的全体妇女为红军赶制棉衣。为敬爱的红军做棉衣，边区的妇女无不积极响应，夜以继日地飞针走线，谱写了一曲曲感人至深的拥军之歌！

红军过冬的棉衣被问题解决了，但还有许多问题难以解决。想想也是，当年，陕北这地方除了不缺黄土，不缺风沙，似乎什么都缺。除了粮食和衣被，其中最缺的就是食盐和煤炭。

可想而知，当年那么多的红军到了陕北，要吃饭要穿衣，要吃盐要取暖……所有这些问题都要国民经济部去解决，纵然再是“巧妇”，毛部长也实在是够难的！

陕北的冬天寒风刺骨，没有煤炭生火取暖实在不行。经过调查，毛泽民得知，瓦窑堡附近就产煤，安定和永平的煤炭在陕北还很有名。那天，在瓦窑堡靠山的一孔小窑洞里，毛泽民把工矿科科长高登榜找来，对他说：“红军和老百姓要在这里共同过好第一个冬天，缺了煤就过不好日子。据我了解，定边和盐池的地下有盐；延长和永坪的地下可能有石油；我们瓦窑堡的背后就有煤炭啊……我们要抓紧动手，这地下可是有很大潜力哟！”

于是，根据毛泽民的安排，高登榜去管理两个煤窑，组织人力挖煤，然后运送到瓦窑堡，再分配到机关、部队和老百姓中使用。

煤炭问题解决了，毛泽民再去解决盐的问题。说来也巧，一天，听说毛部长在为盐的问题发愁，陕北定边地区的商会会长急忙跑来告诉毛泽民说，定边往西北三四十里的盐场堡是产盐之地，只要派牲口去拉，盐的供应也就足够了。

毛泽民喜出望外，当即让高登榜负责运送食

盐任务。为了防止半路上零星的反动武装偷袭，毛泽民从红 29 军借调一个排的兵力，担任运输员，又兼路上保安。他们跑了一趟，盐的供应便解决了。

陕北不仅有石油，还有国民党政府遗留下来的小型采油和炼油设施。油矿的规模虽然不大，若能恢复生产，也足够苏维埃政府机关和红军使用的。为此，毛泽民派人立即前往延长油矿进行调研。当得知延长有石油厂时，他高兴地击掌而呼：“真是天助我也，有了石油，我们就好办了！”

可是，当听说现在厂里的 20 多名工程技术人员都被关押在瓦窑堡，随时有生命危险时，毛泽民很吃惊，也很恼火，当即提笔给中华苏维埃西北办事处主席博古写信，请求释放这些技术人员。博古很快作出“同意释放”的批示。

看到博古的批示，毛泽民高兴地说：“这下好了，技术人才有了！”

于是，迫不及待地，毛泽民当即指示当地政府释放了他们，并给这批技术人员洗澡、理发、换衣服、分配窑洞，解决吃饭问题，还给他们放假一个礼拜，处理个人事情。然后，毛泽民宣布，愿意留在矿上继续工作的，共产党热烈欢迎。同时，毛部长还把原勘探处事务所所长严爽请到国民经济部，盛情款待，同他一起研究恢复和发展石油生产，并委任他为石油厂厂长。严爽大为感动。一周后，这批技术人员全都高高兴兴地回到永坪，重新开始了工作。

石油厂开工以后，毛泽民专程从瓦窑堡来到延长，同全体技术人员见面，请大家吃了一顿稍加改善的午饭。毛泽民诚恳地对大家说："你们都是技术人员，为国民党工作是过去的事情。现在你们都是为红军工作，就是要快出油，多出油，支援红军打胜仗。"他端起酒碗，逐个给大家敬酒。这充满信任的甘醇，就像一股清泉，滋润着石油厂技术人员的心田；这满怀期待的烈酒，就像一把火炬，点燃了石油厂技术人员的工作热情。

延长石油厂很快恢复了生产，那天，当石油工人们赶着披红挂彩的毛驴，驮着自己生产的汽油、煤油、擦枪油、蜡烛、油墨、凡士林等产品到瓦窑堡向党中央报喜时，毛主席异常兴奋，连声称赞。

为解决供需困难，毛泽民又组织了对外贸易，在吴起镇通过贸易总局向白区出口盐、羊毛、羊皮和土特产等，以换回根据地需要的布匹、药品、纸张等工业品。与此同时，毛泽民还率领大家创办了难民工厂和纺织学校。难民工厂除了纺线外，还能生产毛巾和袜子，生产肥皂，并扩大了原有的造纸厂。

数千红军涌入陕北，蔬菜供应是个大问题。怎么办？毛泽民开会动员说："国民经济部虽然不能保证蔬菜供应，但能发动大家种蔬菜。村前村后的空地都可以利用起来。敌人一天不来，我们就发展生产一天，种豆种菜，自给自足。即使敌人来了，我们转移到其他地方，这些菜可以留给老百姓食用，不也很好吗？"

于是，在他的倡议下，每逢星期六下午，瓦窑堡的机关干部和红军战士就扛着锄头、铁锹，在村前屋后和附近的河滩上开荒种菜。那时，中央机关和红军一天只吃两顿饭。晚饭后，毛泽民就和同志们一起挑着尿桶，扛着锄头去菜地施肥、浇水。

每当别人劝他休息，毛泽民总是笑笑说：“我本来不就是个农民吗？干这点活就能把我累着吗？”

无论在工作中还是生活中，毛泽民总是严于律己，关爱他人。尽管他手中大权在握，掌握着许多紧缺物资，但他从不做人情，自己也从不搞特殊化，而是始终与官兵同甘共苦。

当年陕北的煤炭产量很低，只能保证最基本的生活用煤。为此，毛泽民亲自签署命令：“所有的宿舍，在冬天一律不许生火取暖。”国民经济部的几孔简陋的窑洞冷得酷似冰窖，在这里办公的毛泽民手脚都生了冻疮。

白天，毛泽民经常到外面忙这忙那，四处奔波，只有在晚上才能静下来回到办公室办公。一天，警卫员趁他外出，偷偷地给他烧了热炕。晚上，毛泽民从外面回来，发现窑洞里暖烘烘的，立刻把警卫员找来，狠狠地批评他，并命令他立即把火灭掉。

他说：“宿舍不能生火取暖的命令是我签发的，我们更应该带头执行！”

对自己是那么严格，而对同志对下属他却关

心备至。

在陕甘宁边区，毛泽民是部长级干部，按当时的规定，每月有一袋约 40 斤重的面粉特殊供应。但他舍不得自己吃，总是让钱希均把面粉省下，做成烙饼。每当和同志们熬夜，他就把烙饼拿出来和大家一起充饥。

红军到达陕北后，又有了自己的根据地，生活相对安定了。毛泽东住的窑洞与毛泽民住的窑洞离得很近。他们兄弟俩的来往更密切，也更方便了。据毛泽东身边的警卫员吴吉清后来回忆说："在瓦窑堡时，主席几乎每天都要到国民经济部的那排窑洞走一圈，坐在毛泽民那里抽一会儿烟，聊上几句话。而后，主席背着手微笑着走出毛泽民的窑洞。"

对自己的哥哥毛泽东，毛泽民的内心中一直有一种说不出的情感，他崇拜哥哥，也关心爱护哥哥。

1936 年 1 月，党中央决定红军东渡黄河，进行东征。东征开始后，毛泽东率领中央机关路过延长油矿，就住在工人何延年腾出的窑洞里。毛泽民去见哥哥毛泽东，向他汇报油矿生产建设情况，并请他到石油厂去看一看，顺便也想请他中午在矿上吃一顿家常便饭。毛泽东欣然同意了。

请毛泽东吃什么好呢？小米粥、锅盔、拉面……这些都不足以表达油矿工人对毛泽东的敬意。最后，担任行政矿长兼党委书记的高登榜提议说，湖南人爱吃狗肉，还爱吃辣椒驱寒，就焖一锅狗肉请毛泽东一行吃吧。一听这话，大家都深表赞同。

这天中午，毛泽东和其他领导同志来到油厂，视察工人炼油、采油情况，亲切询问工人们生活和家庭情况。吃饭的时候，两大盆热气腾腾的炖狗肉端到桌上。主席闻到肉味，胃口大开，吃得津津有味，并笑着用地道的湖南话对大家说："这是我来陕北后吃得最好的一顿饭……"毛泽东的一席话，说得在场的人心里酸酸的，都很感动。

说来，也真的是很令人感动，令人感慨。当年，毛泽东和毛泽民，一个运筹帷幄，为了民族命运和革命前途忘我地操劳着，一个呕心沥血操劳着红军将士的柴米油盐、穿衣吃饭，这一对曾经患难与共住在陕北窑洞里的毛家兄弟，为中国工农红军、为了中国革命所作出的杰出贡献，真是难以形容，无法估量！

在戎马倥偬的战争岁月里，毛泽民几乎任何时候都太繁忙、太劳累，每当一项任务完成，甚至还没完成，便有新的、更为复杂、更为艰巨的事情等着他去做。

时间进入1937年，细心的人们开始注意到，平时总是四处奔波日夜操劳的陕甘宁边区的毛部长忽然从人们的视线中消失了。

原来，一项神秘的非常重要的使命又落在了毛泽民的肩上。

08 从上海到新疆

1937 年，毛泽民曾两次肩负秘密使命，突然在陕甘宁边区消失，去上海执行特殊任务。

第一次是在年初，毛泽民受党中央派遣，以东北军的身份到上海秘密购买印刷设备，为在延安首印中共中央机关刊物《解放》做准备。他利用上海地下党组织的关系，联系购买印刷设备，然后通过张学良的东北军的关系，运到西安，再运回延安。

有了印刷设备，没有技术工人也不行。于是，毛泽民又通过关系在上海联系到一家思想比较进步的印刷厂，经过多方面宣传动员，将那里的大部分技术工人吸引到了延安投身革命。

第二次是在 3 月底，毛泽民又被秘密派往上海，去执行党中央交给他的一项紧急而又十分艰巨的任务——去上海接收一笔共产国际和苏联政府援助红军的巨款。

原来，中国工农红军长征到达陕北后，共产国际和苏联就一直关注这支队伍，并计划给这支已处于极度困境中的中国工农红军提供一批急需的武器弹药和钱款。其中，一部分钱款已于 1936 年年底秘密汇到上海宋庆龄领导的保卫中国同盟，并由宋庆龄转交给在上海的中共代表，很快便雪中送炭运到陕北。

本来，共产国际最初的计划是从距离陕甘宁根据地较近的中蒙边界提供军援。1936 年 10 月，红军三大主力在陕北会师后，党中央也准备发起宁夏战役，打通这条国际运输通道。但很快，国民党的王牌军胡宗南军队便占领了黄河渡口，将这一通道拦腰切断。而且，当时日军的魔爪也已经伸向内蒙古，因而打通北面通道已不可能。情急之下，中共中央便命令已渡过黄河原本想打通北面通道的红四方面军的 3 个军组成西路军，顺河西走廊向西挺进，准备打通新疆通道，负责接收从新疆运来的苏联援助。但没想到，西路军终因寡不敌众，兵败祁连山，致使打通新疆通道的计划也失败了。

1937年3月初，共产国际执委会书记处致电中共中央书记处：苏联已决定向中共提供一次性80万美元以上的援助。而且，以后还将提供大约与此数目相同的另一笔援助资金。不久，一笔由共产国际募集来的援助中国革命的“红色巨款”从法国秘密运到了上海。

但是，要使这笔巨额资金发挥作用，首先必须要在上海兑换成当时国民党政府发行的法币，并运到西安红军联络处（后改为八路军驻西安办事处）；其次，再由联络处换成部队急需的军用物资，转运到各地。而上海—西安之间，不仅有着遥远的地理上的距离，更有着险恶的政治上的阻难，蒋介石虽然被迫表示同意抗日，骨子里仍是不忘反共。因此，兑换和运送捐款的工作相当困难。

究竟派谁去才能够完成这一特殊而又极为险要的任务呢？这个人，必须绝对忠诚可靠，同时，还需要有丰富的在白区工作的地下工作经验，此外，还需要熟悉和懂得金融，善于运作大额资金。

不用说，在当时的陕甘边区，毛泽民无疑是

最佳人选。于是，党中央决定派毛泽民担此重任，并由中央书记处书记张闻天同志找毛泽民谈话，传达党中央对他的嘱托和期望。

为了协助毛泽民完成这一秘密使命，党中央同时还派贸易局局长钱之光、绥德分行行长任楚轩、西安红军联络处会计当时在西安红军联络处主持留守工作的叶剑英副参谋长的夫人危拱之以及毛泽民的妻子国民经济部党支部书记兼会计科科长钱希均一同前往上海，执行任务。

为了尽快完成好这一特殊任务，毛泽民最初打算采取“合法”方式，在西安开设一个钱庄，然后按照钱庄的业务流程，将共产国际汇来的这笔巨款分期分批地从上海信汇西安。正常情况下，这样做当然既方便快捷，又安全可靠。于是，他们在西安找好了房子，并以西京文化日报发行科科长寿松涛、编辑边雪峰等人的名义向国民党有关部门提出了申请，但却未获批准。

既然“合法”方式不行，那么，也就只能通过秘密渠道来运作了。

这年的二三月份，毛泽民和钱希均等人分别

从延安、西安先后来到上海。为了掩人耳目，在上海地下党的协助下，他们在上海开设了一个纸行，专做批发业务。其中，毛泽民化名周彬，担任老板，钱希均自然就是老板娘，任楚轩担任纸行经理，钱之光为职员。为了把戏演得逼真，不引起敌人怀疑，毛泽民和钱希均还在徐汇区特地租了一座独门独院的 3 层小楼作为公馆，同时还煞有介事地把钱之光的女儿钱宛正从浙江诸暨老家接来，在公馆当用人。

要把这么多的外汇一次一次地兑换出来，再完整无损地运回延安，实在是件难事。为此，那些日子里，毛泽民可谓绞尽脑汁，翻来覆去地仔细思考琢磨着每一个具体环节，生怕因为哪一个环节考虑不周坏了整个大事。

正在这时，中共隐蔽战线的负责人，有“红色特工王”之称，被誉为“党的秘密工作四杰”之一的李克农突然出现在公馆前，毛泽民夫妇喜出望外，犹如盼来了救星一般。

原来，在这之前，周恩来、李克农在西安与国民党代表顾祝同、张冲进行了首次关于国共合作抗日问题的谈判。谈判中，中共代表同意将红军改名为国民革命军，但要求保持红军的独立性；而国民党方面则要求红军改编后完全听命于蒋介石指挥。因为有第一次国共合作的惨痛教训，中共方面当然不会同意。双方为此僵持不下，于是，双方约定：由李克农和张冲在上海继续谈判。

李克农离开西安之前，周恩来专门叮嘱他，利用去上海的机会，做几件重要的事情，其中就包括与先期抵达上海的毛泽民商量如何妥善运回国际巨额援助一事。

毛泽民与李克农经过仔细研究，决定将这笔巨款化整为零，分散处理：首先将美元分批兑换成通行的法币，然后一部分经过上海银行汇给西安银行，一部分则派人携带直接送到西安。具体分工是：毛泽民负责将美元巨款兑换成法币；任楚轩负责经营货栈，应付门面；钱之光、危拱之和钱希均分头将兑换好的法币，从上海秘密送往西安红军联络处。

一切准备妥当后，毛泽民就从上海地下党负责人潘汉年手中开始接收一笔笔款项。为保证巨款的绝对安全，他规定了严格的纪律：由钱之光与任楚轩、危拱之联系，他们则不得进入公馆。

早在20世纪20年代，毛泽民就曾在上海以大老板的身份从事党的地下工作，对十里洋场颇为熟悉。他身穿毛哔叽西装或者派力司长衫，出入交易所，一般是不会引人怀疑的。但他还是十分谨慎，行事周密，不留半点破绽。他有时兑换国民党钞票，有时买西安银行的汇票，有时上午买了公债，下午再兑成钞票。由于每次兑换的金额不能太多，因而每天他都要跑好几次交易所。换来的钱钞立即就由钱之光、危拱之、钱希均分别送往西安交红军联络处。

就这样，那些天里，他们一会儿出现在这个股票市场，一会儿又在那个银行钱庄露面，一会儿装扮成阔佬和阔太太，一会儿又装扮成了国民党高级军官和夫人……就这样变着法子取款，然后想着法子把美钞兑换成法币，再来去匆匆秘密地安全送到西安。

那些日子，毛泽民带着大家没有白天、没有黑夜地奔波。为了能抓紧时间，每天多兑换一些法币，他们经常每天只能吃上一顿饭，晚上到很晚才睡，第二天天不亮又早早起床，出去赶时间兑换……

经过4个多月的紧张工作，到1937年八一三日军大举进攻上海之前，兑换运送巨额捐款的任务基本完成。这笔巨款为红军购买武器弹药及其他重要物资发挥了重要作用。

任务完成后，鉴于上海的形势已经十分危急，毛泽民立即安排钱之光、任楚轩先行离开上海，钱希均搭乘李克农的车子转道南京经武汉回到西安。而由于积劳成疾，毛泽民和危拱之则在工作临近结束时先后病倒了。危拱之在做完手术后7天即返回西安接受新的任务。毛泽民由于胃病严重，疼痛异常，只得住进复新医院动手术。

当时，八一三淞沪会战已经打响。手术做完后，来不及休息调养，毛泽民便拖着病弱之躯假扮新闻记者尾随着一大堆逃难的群众从车窗爬上了西去的列车……

回到延安，因为百事缠身，顾不上休息，毛泽民又投入夜以继日的紧张工作中。用同志们的话说，他是一个闲不住而又不会休息的人，只要还能勉强支撑着，就会废寝忘食地工作。很快，因为劳累，他又一次病倒了，而且病得很重。于是，中央决定送他去苏联治疗。面对组织上的决定，毛泽民只能服从。

1938年1月初，毛泽民离开延安前往苏联治病。他先到兰州，然后转飞机到迪化（今乌鲁木齐），拟在迪化做短期停留，再去苏联。

谁知，毛泽民人还没到迪化，中共驻新疆代表方林（邓发）已收到一封来自延安的电报：

方林：

毛泽民等到否，到时毛即可留任建设厅长，但需改名。

毛洛

二十七日

电报是毛泽东和洛甫两人亲自发的。毛、洛之所以要发这份电报，乃是因为当时的“新疆王”盛世才听说毛泽东的弟弟毛泽民要途经迪化去苏联治病，就迫不及待地找到邓发，开门见山请求道：“能否向延安请示一下，把毛泽民留在新疆工作？”

邓发当即解释说：“泽民同志是专程去苏联治病的，只是路过这里而已。”

盛世才恳求道：“迪化的医院里有不少苏联专家。毛泽民留在新疆，可以一边治病，一边工作。毕竟在国内，许多事情比在外面方便得多。”

邓发刚到新疆，正急于打开局面，这时也想有像自己的老朋友毛泽民这样得力的同志助自己一臂之力，于是就立即向中央请示。

由于新疆是国际交通要道，事关中共乃至整个中国抗战与共产国际的关系，在抗日民族统一战线中具有无与伦比的特殊重要地位。因此，接到邓发的电报，毛泽东和洛甫商量后，立即发来上述这份电报，卖个顺水人情，答应了盛世才的请求。

诚如我们所知道的，1933 年，盛世才通过血腥政变登上新疆最高统治者的宝座时，实际只控制了省城一带，与占据北疆的马仲英和占据伊犁的张培元形成三足鼎立的局面。善于投机的盛世才审时度势，权衡利弊，觉得自己只有打亲苏反帝的旗号，取得苏联的援助，才能巩固自己在新疆的统治。于是，他请求苏联红军出兵解围，甚至不惜允诺在新疆实施共产主义。由于苏联红军出兵助战，张培元惨败，马仲英南逃，到 1934 年年初，盛世才在新疆已无强劲的对手了。

1935 年，盛世才在苏联和进步人士的帮助下，提出“反帝、亲苏、民平（民族平等）、清廉、和平、建设”六大政策，着手恢复经济，改革行政，整理财政；下令禁鸦片、赌博、贪污等不良风气；吸收少数民族头领参加政府工作……他的一系列做法迷惑了不少人，也赢得了新疆各族各阶层人民的拥护。正是在这种情况下，莫斯科选择了盛世才。

在此期间，共产国际曾指示中国共产党重视对新疆的工作。而打通国际路线，以解决革命根据地的战略依托问题，就成为这一时期中国共产党的战略方针之一。

得到苏联的帮助后，盛世才的统治地位算是暂时稳固了，但新疆的财政经济这些年来却一直入不敷出，十分困难。因为知道中共党内人才多，盛世才一心想请共产党内的能人来帮助他挽救濒临崩溃的新疆经济。这次，一听说毛泽民要路过新疆，他的眼睛顿时一亮。因为，对于毛泽民的理财能力，盛世才早有耳闻。于是，他决定说什么也要把毛泽民留在新疆，这样既能让毛泽民帮助自己整顿财政，同时，又是自己接近延安、接近毛泽东的极好机会。

盛世才的小算盘打得不可谓不精。

正是在这样一种特殊的政治背景与统战策略下，原本去苏联治病的毛泽民根据中央的安排临时改变了计划，留在了新疆。盛世才最先是想请毛泽民任建设厅厅长的，但转而一想还是任命他为财政厅副厅长，同年 10 月，又让毛泽民任代理财政厅厅长。

根据党中央的要求，毛泽民化名周彬，对外是盛世才的高级官员，对内是新疆“八办”（八路军办事处）的主要负责人之一。

就这样，为了赢得盛世才的信任，更好地做好党的统战工作，在新疆，毛泽民又全身心地投入治理整顿犹如一团乱麻的新疆财税金融工作当中。

在经过一番调查了解后，毛泽民像一位高明的中医，对新疆的财政金融病症已经大体了然于胸，而且也初步有了治病的药方，但要“对症下药”，还需要争取盛世才的同意和支持。于是，毛泽民不厌其烦，多次与盛世才谈论具体的财政治理问题，分析原因，提出对策。一次，他直截了当地对盛世才说：“新疆的财政有两条路，第一条是有求必应，日夜开动印钞机，无限制地开支，这是一条死路；第二条是紧缩开支，节约使用的原则，恰当地发挥财政力量，这是一条活路。”

盛世才想了想，当即选了一条“活路”。

在清理新疆财政金融“千头万绪的乱麻”时，毛泽民从容应对，有条不紊，上任后所烧的“第一把火”就是整顿建立财政机构，首先解决好人的问题。因为，他了解到，新疆财政厅的机构有问题，名义上编制有200人，可实际上却不是这样。其中的大多数人都是从内地来新疆的关系户，根本不干也干不了什么工作，而真正干事的那几十个人则非老即弱，非弱即病。就这样一些人哪里能干好工作?

于是，毛泽民将机构精简为 2 个室 4 个科，人员缩减到 100 人。与此同时，还在喀什、和田、阿克苏等地区设立了财政局，并在各地区所属的各县设立了税务局，都隶属省财政厅统一领导。紧接着，毛泽民又着手整顿了省、地、县各级银行，在银行里设立了金库。就这样，从省到县的整套财政金融税务机构就初步建立起来。

新的财政机构建立起来了，但缺少称职能干的财政干部，这一人的问题又浮出了水面。于是，毛泽民又在迪化创办了财经学校，并经常亲自登台为学员们讲课。当时，让他感到最头疼的是，几个月过去了，自己还是个“光杆司令”，而金矿、银行和海关等都急需得力助手。于是，他以“建业”为名，向毛泽东和洛甫写信，先是报告新疆的财政现状和自己将要实施的整顿计划，然后，提出请求道:“设法给我 10 个党的干部（赖祖烈、高登榜、郑亦胜 3 人必须调来），因金矿、银矿、海关必须有强有力的领导人，才能很快转变，起得作用。”

接到毛泽民的报告后，毛泽东立即提笔作了批示：

请陈云同志替他办。财政事情第一重要，不但那里好，将来也大有助于我们。请陈抄办一份，送洛甫。

毛泽东

一九三八年五月二十日

延安干部的到来，众人拾柴，无疑为毛泽民的工作加了一把旺火，为整理混乱的新疆财政初步提供了人才保证。

这些干部下去任职之前，毛泽民对他们进行了严格的训练。首先安排他们到省财政厅各科室和迪化市税务局去实习，同时在财政专修学校对他们进行培训。他再三叮嘱大家：“你们下到地方，一不贪污，二不枉法，要严以律己，清正廉洁。要尊重民族习惯，不要骄傲自大。你们不要给我这个当厅长的丢脸。我相信你们能出色地工作。”毛泽民讲话，一向都朴实无华，却深深地印在了大家的心坎儿里。

有了一支较为精干的队伍，人的问题基本解决后，接下来，毛泽民雄心勃勃，便想大刀阔斧地整顿新疆财政乱局，下大力气改变新疆财政管理弊端丛生、一团乱麻的现状。

但要这样做，在当时盛世才几乎一手遮天的新疆，又谈何容易？

09 与狼共舞

出生于奉天开原县（今辽宁省北部开原市）盛家屯一个贫寒家庭，年轻时曾毕业于日本陆军大学的盛世才小时候想必一定读过《三国演义》，且内心中一定有着很深的“三国情结”，以致他通过种种不正当手段攫取了新疆的军政大权成了名副其实的“新疆王”之后，竟开始做起了 20 世纪的“新三国梦”，妄图与国民党、共产党三足鼎立，三分中国。因而，他开口闭口总喜欢把新疆政府和共产党、国民党合称为“中国三大政治集团”，又以国共两党以外的“第三领袖”自居，以保持在中国的特殊割据地位。同时，他还不自量力地把自己与斯大林、罗斯福、丘吉尔、蒋介石、毛泽东一起并称为“世界反法西斯阵线六大领袖”，以此为名控制新疆。

作为一个政治人物，盛世才认为蒋介石“感情用事”“度量狭小”，用人“分南北界限”“决难作全国之首领”，这样的评价可以说是入木三分，一针见血，非常恰当，但是，他自己其实也不比蒋介石好到哪里去。他说蒋介石“感情用事”“度量狭小”，他自己其实也“感情用事”“度量狭小”；他说蒋介石“决难作全国之首领”，他盛世才无疑更“决难作全国之首领”。而且，在政治上，他彻头彻尾就是一个见利忘义、过河拆桥、极端自私也极端残忍的投机分子，毫无政治道德、政治信誉、政治信仰可言。

的确，从其一生来看，曾经靠投机起家最后又因投机身败名裂以悲剧结局的盛世才真正可谓是“成也投机，毁也投机”。

诚如中共驻新疆代表邓发所言：“盛世才，就其出身来说，是个野心军阀；就其思想来说，是个土皇帝；就其行为来说，是个狼种猪。”可想而知，毛泽民当年在新疆，与盛世才这种人打交道，在这样一个为了自己的利益可以不择手段且心狠手辣的人的手下做事，真正可谓是“与狼共舞”！

当时，新疆的财政状况非常混乱。首先是货币混乱。新疆境内流通的货币中，既有省银票，又有清代铜板、洪宪银圆，南疆喀什地区还发行了喀票。各种货币之间没有明确的兑换比率，民众的生产和生活都十分不便。其次是通货膨胀，物价飞涨。由于连年战乱不已，加上没有什么财政收支计划，盛世才上台后财政经济越来越困难，只好靠多发纸币来维持开支，印钞机日夜不停地飞转，钞票发得越来越多，导致货币严重贬值，物价以惊人的速度暴涨，人民苦不堪言。机关、单位发薪金时人们竟然要赶着马车到省府去拉钞票，上街买一袋大米，顾客也要提半袋钞票才够。为维持局面，盛世才不得不举借 2000 余万元外债。

在历史上，新疆不同于内地省份，由于不允许国民党法币在境内流通，省内没有设立中央银行分行。新疆唯一的省银行是 1930 年由官钱局改组而成的官办银行，隶属于新疆省财政厅，历届行长多由省财政厅正副厅长兼任。旧的省银行以官僚资本为基础，具有浓郁的地方银行特色，同时又肩负中央银行的职能，主要为政府拨款服务，办理存款、放款、汇兑、代理省库和买卖生金银等融通资金的业务却开展得很少。

毛泽民来到新疆，担任省财政厅副厅长，代行财政厅厅长职务之后，通过周密的调查，认为促进经济发展唯一有效的办法，就是进行币制改革，废除新疆原来以两为单位的旧银票，统一改用以元为单位的新币。鉴于旧的纯官办的省银行不利于吸收社会游资，不利于调动商人投资金融的积极性，也阻碍了新疆建设资金的筹集，毛泽民决心对原有的省银行进行改革，将官办改组为官商合办的商业银行。

他强调改组省银行的“目的是为了发展本省经济，巩固抗战后方，运用游资，增加生产。以政府官办之银行改为全疆 14 个民族、400 万民众公有之银行”。1938 年 12 月 9 日，《新疆日报》第一版发表社论《改组省银行为商业银行的重要意义》。

为减少省银行的官办比重，体现它的商业性，根据毛泽民的提议，商业银行设立了股东代表大会。商业银行首次发行的 10 万股股票，被认购一空。其中官股占60%、商股占40%。

1939年2月1日，印有毛泽民亲笔签名的新币由新疆省商业银行正式发行，总发行量计划为2000万元。新币面值有十元、五元、三元、一元、五角、三角、二角、一角、五分、三分计10种，同时制定了新旧币兑换比率。到1939年年底，流通于全疆的各种旧币全部回笼完毕。改革后的新币，币值稳定，携带方便，有利于货币流通。新币一面世，就受到新疆各族群众的欢迎。

新疆商业银行在毛泽民的具体指导下，遵循“调剂金融、发展本省农牧工商各业”的办行宗旨，大力开拓金融事业，陆续开办了存款、放款、汇兑、代理财政金库、发行纸币、买卖金银外币、承募公债、生产事业投资、杂项买卖、代理保险等10项金融业务。仅1年时间，商业银行存款总额由原来的28.2万元新币猛增到543.1万元新币，增长了近20倍。

银行发行新币必须有相应的硬通货作担保，这是保持货币稳定的重要物质基础。为保证新发行的1000万元新币币值稳定，商业银行除原有的金、银、珠宝、玉石等硬通货，以及300余万元法币作资本外，毛泽民还大力发展新疆的金银矿开采业。

与此同时，毛泽民加紧整顿财经纪律，建立严格的收支预决算制度。他主持制定了新疆第二期“三年建设计划”，并据此制订了全省财政年度收支计划，编制了预算决算表，提出了“发展经济，增加收入，开源节流，保证支出，量入为出，争取收支平衡”的财政工作方针。

通过金融、币制改革，新疆财政收支基本平衡了，外债也基本还清了，全疆物价平稳，各族人民的生活水平明显提高，工业、农业、商业、文教卫生等各行各业，都开始显露出生机。

按说，对毛泽民等共产党人在新疆的出色工作，盛世才应该满怀感激才是。谁知，对于这些帮助新疆工作的“共产党功臣”，在内心中，盛世才非但不感激，反而充满了猜忌和仇恨。

而之所以会是这样，乃是因为，令盛世才没有想到的是，凡是来到新疆的共产党员都不重视个人利禄，而是一心为了救国救民，所思所想的只是为了开展革命工作去争取群众。在这方面，与当时“五子登科”多半极度贪婪的国民党大员形成了鲜明的对比。虽然按照盛世才的要求，在新疆中共不允许发展党的组织，也不准公开共产党员身份，可是，共产党在新疆的影响却与日俱增。这使原本就多疑猜忌的盛世才终日坐卧不宁，他担心将来会有那么一天，因为共产党太得民心，毛泽东和朱德的地位在新疆各族群众的心里会高过自己，“盛世才的新疆”会变成“共产党的新疆”。因而，为了防患于未然，盛世才提出了一个“新的概念”，他说中国有 3 个政治集团，一是国民党的政治集团；二是共产党政治集团；三是他的“六大政策政治集团”。所谓“六大政策政治集团”就是他要与国民党、共产党鼎足而立平起平坐的一个独立的政治集团。

为了自己的“六大政策政治集团”日后能鼎足而立，日益巩固自己在新疆的统治地位，盛世才极力培养和提拔自己集团内的干部，特别是把青年学生、青年军政干部和教职员作为自己的选拔目标，作为自己的骨干力量。而对毛泽民等援疆的共产党干部，盛世才原本想笼络利诱，但没想到这些共产党人几乎全都不为名利所惑，始终忠于自己的信仰。既然这样，盛世才便恩将仇报，一方面虚情假意，竭力让共产党干部帮他打理新疆，以此巩固自己的地位；另一方面，又暗中派特务、便衣，时时处处监视着共产党派来援疆的干部，对他们竭力防范、排挤和打压。

为了防止共产党的风头在新疆盖过自己，同时，也以此表明“我的地盘我做主”，让新疆民众清楚谁才是在新疆说了算的“主子”，1938年9月，在新疆第三次全疆各民族人民代表大会（“三全大会”）召开之前，盛世才显然是故意为之，竟然接二连三对援疆的共产党干部给予记过、扣薪，有的还被调离岗位，发配到边远地区去工作。

在“三全大会”之前，中共党员、反帝会副委员长黄火青在修改反帝会章程时，在其中加了“依照孙中山先生的革命三民主义”这样一句话。当时，盛世才正在莫斯科看病，无法征得他的同意，而在他回来后，章程又没及时送给他过目就印发了。对此，盛世才心里很不舒服，认为是共产党有意在捣他的鬼。几个月后，他借故把黄火青调到偏远的阿克苏地区任行政长。

“三全大会”开幕时，新疆学院的学生印制了一本革命歌集赠发给全体与会代表，很受欢迎。歌集的封面上印有孙中山、蒋介石、毛泽东、朱德和盛世才的头像，盛世才被排在最后。没想到竟然捅了马蜂窝！盛世才认为这是共产党故意在群众中贬低他的地位。于是，他勒令马上收回全部歌集。散会后，代表们已返回全疆各地，要在天山南北收回全部歌集谈何容易？！这更使盛世才怀疑是共产党故意所为。为此，他颁布训令，给新疆学院教务长林基路记大过 1 次，罚薪 1 个月；给新疆教育厅厅长兼新疆学院院长孟一鸣（徐梦秋）以申斥的处分。在电话中，盛世才还直接威吓孟一鸣说：“把不遵政府命令的统统送出新疆！”

果不其然，林基路不久即被调出迪化，先是在阿克苏专区任教育局局长，后来又下放到库车县和乌什县任职。

新疆日报社副社长、中共党员汪哮春写了一篇社论，赞扬政府处置参加赌博的公务员。不久编辑人员由于疏忽，发稿时将盛督办的“辦”（繁体字）字错写成“辩”字，校对人员在校对时又没校对出来。联系前后两件事，盛世才猜疑报社有人存了心是在故意讥笑他。于是，汪哮春和那位校对人员分别被给予记大过 1 次、罚薪 1 个月的处分。

1939 年 2 月，毛泽民生了一场大病，正请病假在外面养病时，财政厅的档案室因取暖炉起火，烧了两间房子和全部卷宗。当时，起火的原因很蹊跷，有人认为是故意纵火。按说，这种时候，盛世才应该立即派人调查，等查清事实后再作处理，但他不去调查就给予毛泽民记大过 1 次、罚薪 1 个月的处分。还欲盖弥彰地说，正因为案情发生在毛泽民已请假不负责任的时期，所以给他的处分比较轻。

1938 年 8 月，盛世才以就医为名，秘密前往莫斯科。他自以为手中已经有了足够的政治资本，便可以向莫斯科讨价还价了。他当面向斯大林要“党票”，要支援，却被斯大林一一拒绝。盛世才败兴而归。他以为这一切是中共代表邓发在背后捣他的鬼，告他的“黑状”所致，于是，便把一腔怒火发泄到邓发的头上。

9 月初，周恩来赴苏联治病途经新疆时，曾与盛世才多次会谈。盛世才直言不讳地向周恩来要求，立即从新疆撤回邓发。他甚至威胁说，如果邓发在迪化，最好不要让他看见。

如果说，这期间，盛世才对邓发采取的方式是“打”的话，那么，对毛泽民，他则尽量采取“拉”的方式。为此，他曾 3 次约毛泽民谈话，一方面大肆污蔑邓发，竭尽挑拨离间之能事；另一方面，则想笼络毛泽民，因而故意将毛泽东写给他的信件拿给毛泽民看，想和毛泽民套近乎，离间毛泽民与邓发之间的关系。

在新疆，由于工作过度劳累，加上新疆寒冷的气候，毛泽民的胃病、鼻炎和神经衰弱等病症更加严重。鉴于他的健康日益恶化，1939 年年初，党中央决定安排他到苏联治病和学习。

5 月，就在毛泽民出发去苏联治病前的一个晚上，盛世才又特意约他去谈话。对于毛泽民在新疆的工作和成就，盛世才表示非常满意。他对毛泽民说：“我对你们是很信任的，你这次去养病只能去

4个月，必须回来执行你所拟订的计划，帮助新疆建设。你这次去苏联，实属不得已，待养好病后，必须回来，不能在那里求学。这是我同意你去养病所必须告诉你的条件。”言谈之间，竭力表示自己对毛泽民的信任和倚重，从而拉近与毛泽民之间的关系。

而之所以这样，乃是因为盛世才自觉羽翼尚未丰满，尽管他采取了一系列无异于自掘坟墓的愚蠢政策，有意无意地露出了自己“狼”的尾巴，但是，面对英帝国主义在南疆策划的军事叛乱，日本帝国主义指使大批镇西哈萨克族民众越境逃亡，特别是国际帝国主义和国民党顽固派共同威逼的窘境，盛世才深感压力山大，因而暂时还不敢公开与苏联和中共反目。

也正因此，盛世才便只有拿邓发一个人做“出气筒”，将心中对苏联对中共的仇恨和怒气一股脑儿发泄到邓发一个人的头上，而对毛泽民——毛泽东的这位亲弟弟，他还暂时只好夹紧尾巴，尽量去笼络，不敢太过嚣张，露出自己“狼”的面目！

但尽管这样，毛泽民对盛世才的险恶用心和“狼”的本性还是有所洞察。在与盛世才几次面对面的交谈后，他的心中充满了忧虑。他感觉到，盛世才对中共代表邓发如此不恭，如此仇恨，其实是一个危险的信号，给中共在新疆的统战工作敲响了警钟！

于是，1939 年春天，毛泽民忧心忡忡，把他对新疆形势的判断写成一份报告，呈交给党中央和毛泽东主席。

也正是在接到毛泽民的这份报告后，党中央和毛泽东鉴于当时国际国内复杂严峻的形势以及毛泽民的病情，才决定安排他到苏联治病和学习。

由此可见，毛泽民在这种时刻赴苏联，远不是表面上的学习、治病这么简单，他肩负的使命，无论对莫斯科和中国共产党，都显得非常重要。随着日程的不断推进，他的莫斯科之行更充满了神秘色彩……

果然，到了苏联，在与这期间正好也在莫斯科医治臂伤的周恩来商量后，经过深思熟虑，这年的 10 月 5 日，毛泽民给共产国际总书记季米特洛夫写了一封信。在首页的右上角，毛泽民用钢笔重重地写了“绝对秘密”4个字。在前面已经向季米特洛夫提交了一份《关于新疆情形的报告》之后，他再次向共产国际重申了关于中共驻新疆代表易人问题的建议。

在信中，毛泽民深刻而又冷静地分析道：“盛之为人，盛的缺点，以布尔什维克眼光看，是很不好的。”但从反法西斯斗争的全局考虑，“今天是统一战线，他今天在苏联帮助下，还保存了新疆没有入帝国主义手中，今天还想与苏联和中共弄好，就应该尽一切可能去弄好。才能符合一切为了抗战与统一战线的政策。因为今天盛与国民党比较起来，还是进步些。”

为此，他建议道：“因此，为了顾全统一战线，为了保全苏联、国际与中共各方面之联系，为了中国抗战的国际援助等，党最好另外派人去新疆领导，才能避免盛那些不必要的误会。因此，我认为另外派人为最好。”

对毛泽民的分析与建议，共产国际显然认为是正确的。不久，周恩来便与季米特洛夫共同签发了一封致中共中央的电报。电报指出，“鉴于政治局势，让邓发离开迪化。指示他务必不要在迪化滞留”。

1939 年春天，曾在莫斯科参加共产国际工作的陈潭秋刚好已从苏联回国，此时正好在迪化停留。党中央便让他接任中共中央驻新疆代表和八路军驻新疆办事处负责人。于是，中共一大代表陈潭秋便带领中共在新疆人员，坚持抗日民族统一战线的原则，在不断恶化的形势下，机智而又勇敢地同军阀盛世才继续进行有理、有利、有节的斗争，直到生命的最后一刻。

10 天山壮歌

1939 年 6 月初，毛泽民乘坐一架苏联交通飞机从迪化飞往几千公里之遥的莫斯科。飞机盘旋在苏联首都莫斯科郊外的上空，俯瞰着美丽富庶的俄罗斯平原，毛泽民的内心很不平静。

初到莫斯科时，毛泽民先是住在共产国际党校中国分部，也称中国党校。让他高兴的是，在异国他乡，他见到了许多自己熟悉的老战友，如中央红军的方志纯、贺诚、蔡畅、金维映，以及瞿秋白的夫人杨之华等，而更让他高兴激动的是，在这里，他又见到了自己经常想念的大嫂贺子珍以及岸英、岸青两个侄子。当时，贺子珍在中国党校学习，而岸英和岸青则在莫斯科郊外的莫妮诺国际儿童院学习和生活。

从最新解密的共产国际档案来看，毛泽民这

次来到苏联，显然并非只是来治病和学习的，而且还肩负着其他特殊而又秘密的使命，不啻是中国共产党的特使。在苏联期间，他和中共驻共产国际代表任弼时以及先后来到苏联养病的周恩来、林彪、刘亚楼等人一起分别向共产国际报告了很多中共方面的真实情况，消除了许多以前共产国际对中共的隔阂与误解，并对一些重要人物重大问题作出了正确的而且是至关重要的政治结论。其中，最主要的应该说是李德的问题和王明的问题。

令毛泽民深感意外也甚为惊喜的是，那天，共产国际干部部部长马特维诺夫找他谈话，郑重其事地对他说："据有关部门认真查证，李德根本不是共产国际派出的代表，东方部和中共代表团都没有派他到中国当什么军事顾问。有关调查材料我们不久将会正式公布。"

不久，共产国际监委会给李德作的结论是：有错误，免予处分。理由是："李德的错误在于不了解中国的情况，出了一些错误的主意。但李德无权对中国共产党的事务作出决定。中国共产党是一个独立的党，对于李德的意见可以采纳，也可以不采纳。李德的错误意见被采纳，这个责任应由中共中央负责。”

从此，共产国际不再重用李德，分配他去做出版工作。

但更令毛泽民欣慰和喜悦的是，共产国际在对中共确认毛泽东领袖地位问题上的支持。

1938 年 9 月 14 日至 27 日，中共中央召开政治局会议，这次会议是为六中全会作准备的。会议第一天，刚从莫斯科回来的王稼祥传达了共产国际总书记季米特洛夫的口信。季米特洛夫让王稼祥转告全党：“在领导机关中要在毛泽东为首的领导下解决，领导机关中要有亲密团结的空气。”季米特洛夫的这些话无疑是对毛泽东的最大支持，从根本上剥夺了王明以共产国际钦差大臣自居，不断向毛泽东和中央发难和挑战的资本。

毛泽民是在来苏联之前在新疆听到这一消息的。如今，他在莫斯科，亲眼见到季米特洛夫，自然对他格外钦佩和敬重。

在苏联的这段时间，毛泽民的收获很大，感受很深。1939 年 12 月 6 日，在给共产国际呈交的《党内某些重要文件的读后感》中，毛泽民深有感触：“18 年来，中国革命和整个党遭受的损失更多是来自内部的敌人。我们在任何时候都不应忘记流血的教训，重要的是找出这些教训的实质。”在这份材料中，毛泽民重点历数了“左”倾错误路线给中共带来的教训，批判了对中国革命危害最大、统治时间最长的“左”倾机会主义。

这年的 11 月下旬，毛泽民住进克里姆林宫医院进行全面检查。苏联方面为他提供了良好的医疗条件。要不是时间和工作不允许，他的胃病、鼻炎和神经衰弱症等折磨他多年的顽疾，都有可能得到比较好的治疗。

当时，根据国内医生的建议和毛泽民本人的想法，去莫斯科，主要想做两个手术，一是进行胃切除手术，因常年患有胃病，深受其苦；二是对久治不愈的盲肠术后伤口重新进行手术处理，以根除伤痛。克里姆林宫医院的医生们在对毛泽民的病情和身体进行全面检查后一致认为，手术可以做，但手术后至少要有两三个月的恢复时间。这让毛泽民很犹豫，因为，来之前盛世才批准他的时间只有 4

个月，他是一个守信的人。所以，他决定放弃手术，改为保守治疗。

就这样，没过多久，毛泽民就坚决要求启程回新疆。这天，在莫斯科的大街上正巧遇上了来苏联治病前曾任中共中央军委总供给部部长兼黄河两延（延长、延川）卫戍司令员、抗日军政大学校务部部长的杨至诚。他乡遇故知，两位老朋友都很高兴。杨至诚见毛泽民脸色蜡黄，又十分瘦削，便劝他不要再回新疆了，和自己一道从东北回内地吧。毛泽民摇摇头不同意。杨至诚又说："在新疆工作那么艰苦，况且你的胃病这次又没治好，我看还是暂且先回内地休养一段时间再作打算吧！"

但是，毛泽民是个工作狂，责任心又太强，任凭杨至诚怎么劝，他都不同意，坚决要回新疆。他说来之前他曾答应过盛世才，不能说话不算话。再说新疆也确实需要他，回新疆他还有许多事情要做。

因此，1940 年年初，毛泽民从莫斯科回到了迪化。

在工作中，毛泽民任何时候都是个"拼命三

郎”。从苏联回来，尽管身体还很虚弱，但顾不上休息，他便又投入紧张的工作中。

如果仅仅只是勤奋忘我工作倒也罢了，但偏偏毛泽民干什么事都很较真，永远都是那种不徇私情、刚直不阿、不愿同流合污的人，这就使他在当时贪污盛行的新疆、在唯利是图的“土皇帝”盛世才的手下自然会得罪以盛世才为首的一批贪官污吏，从而明里暗里地遭到他们的嫉恨、反对乃至暗算。

这里，不妨举一个例子。

长期以来，盛世才政府的公安、司法机关的罚没款和罚没物资都不上缴，而是私设小金库，或干脆成为一些权要人物的囊中之物。对此，尽管很多人都知道，但因为这些权力部门“老虎屁股摸不得”，因而谁也没去想也不敢想把这些罚没款物收进国库中来。

但毛泽民主管新疆财政以后，却“老虎屁股偏要摸”，在他看来，如不根除这些特权部门私设小金库的弊端，财政就无法统一，也为政府机关提供了滋生腐败的温床。于是，这年的春节刚过，他就召集有关部门开会，讨论开源节流问题，并特地要求公安、司法和军事机关的负责同志必须按时到会。

在会上，毛泽民强调了大力开展增产节约运动的必要性和紧迫性，并宣布了事先经过测算的各单位的增产节约指标。

但公安、司法和军事机关的与会代表在会上却振振有词，认为自己的单位不是经济部门，不需要也没有什么可以增产节约。

其实，毛泽民开会的目的，主要就是针对这3家单位的小金库。于是，他当即毫不客气地说："据我所知，你们司法机关有一笔赃物变卖款，公安机关也有一些罚没款。至于粮服处嘛，你们那里有2万头运输骆驼，每头可产驼毛5斤，军马剪下的马鬃、马尾就有5000多斤。仅这几项的价值，一年下来就比我们提出的增产节约指标多得多吧？"

一看周厅长是个明白人，这么会算账，而且说的都是事实，3家单位代表顿时哑口无言。

毛泽民这时又风趣地说："这个账你们要是算

不清楚，我们财政厅可以派人帮助你们一笔一笔算个明白。你们看怎么样？”

会场上顿时笑声一片。就听这时有人悄悄议论说：“周厅长真是个大清官。这3家单位可是新疆的‘地头蛇’，平时作威作福，谁都怕他们，‘不敢摸老虎屁股’，没想到这周厅长竟然敢在太岁头上动土！”

“就应该这么做！还是周厅长厉害！”

公安、司法和军事部门的代表因为心虚气短，又怕周厅长真的派人到他们单位去查，于是都在会上当即表态说，不必麻烦财政厅了，他们回去以后立即自查，如有问题，他们立即纠正！

话虽然都说得很漂亮，但因为自己的“奶酪”被动了，从此这3家单位的头脑对毛泽民恨得要死。而且，这以后，毛泽民又在全疆竭力推行财政预算制度，规定全疆各机关以及各地财税局支出款项，一律按预算内规定数字由财政厅核拨，军费也由财政厅分期核拨。这就把更多的以前可以随意花费公款乃至中饱私囊的头脑们给得罪了。如公安管理处是盛世才豢养的特务部门。在预算中，他们对特务费总是提出过高要求，遭到毛泽民的多次坚决抵制。为此，一向横行跋扈阴险狠毒的公安管理处处长李英奇经常为特务费的问题在大会小会上与毛泽民发生争执，但毛泽民从不让步。

以前，盛世才每年都要将全疆收入的将近 1/8 中饱私囊。他的家人也倚仗权势为所欲为。可自从毛泽民主理新疆财政特别是实行财政预算后，几乎把盛世才及其家人肆意贪污公款的“财路”全都给堵死了，卑鄙无耻而又阴险歹毒的盛世才及其家人和党羽因此对毛泽民恨之入骨。盛世才的岳父邱宗浚甚至扬言，迟早要跟毛泽民算账！

这就使毛泽民陷于非常不利之险境。

但真正让毛泽民等一批援疆的共产党干部命丧新疆的无疑还是当时的国际国内形势。

由于意见不合，当时，钱希均坚持要离开新疆到抗日前线，而毛泽民却执意要继续留在新疆做事，1939 年冬天，党组织同意钱希均提出的到抗日前线工作的要求，让她和新兵营的同志一道离开新疆。同时，党组织也批准了钱希均的离婚请求。钱希均于 1940 年 1 月 5 日回到延安。

1940年5月初的一天，毛泽民与朱旦华在新疆督办公署西大楼小礼堂里举行了简朴的新式婚礼。

朱旦华出生于浙江慈溪一个商人家庭，原名姚秀霞，也是一名援疆的共产党干部，因为志同道合，夫妻俩婚后非常甜蜜幸福，并生有一子。可就在夫妻俩准备在新疆干出一番事业，为了党为了民族抗日作出积极贡献的时候，没想到，新疆的政治气候忽然开始急剧变化。

1941年1月7日，蒋介石发动皖南事变，进攻新四军，在抗战的紧要关头，“同室操戈”，掀起了第二次反共高潮。

6月22日，德国法西斯进攻苏联，苏德战争爆发。

盛世才原本就是一个政治赌徒，投机分子，这种时候，由于误判形势，在他看来，苏联根本就挡不住希特勒德国军队“闪电战”的进攻，失败几乎是板上钉钉的事情。至于待在偏僻的大西北的共产党就更不是国民党的对手。

在这种情势下，他觉得苏联和中共都靠不住

了，自己必须要尽快重新下注，把“宝”押到背后有美国支持的蒋介石集团那边。于是，他开始在新疆公然举起了“拥蒋反共”的旗帜。

因为早就对毛泽民心怀不满，这年的7月30日，盛世才借口毛泽民身体不好，需要半休，让他去迪化郊外的水磨沟养病，同时将他调出财政厅，改任民政厅代理厅长。

谁知，到了民政厅，毛泽民依旧是个工作狂，关心民瘼，改善民生，尽心竭力地做好新疆的民政工作。

但这种时候，盛世才在新疆的反共斗争黑云压城，已经渐渐让人喘不过气来。

以前，中共代表与共产国际进行联系主要通过苏联领事馆的电台，与中共中央的联系则通过盛世才的电台，用自己的密码收发电报。1940年以后，盛世才对在新疆中共人员实行更加严密的监视，甚至对新疆“八办”的通信联络也进行了严格的控制，不准设电台，不准直接通信，不允许继续使用密电码收发电报。尽管如此，中共中央从抗日民族统一战线的大局出发，以民族大业为重，还是要求在新中共党员排除一切干扰，积极工作。

因为觉察到形势已经十分严峻，以致无可挽回，8 月 30 日，毛泽民起草了一份电报，经陈潭秋发给中共中央书记处。在反映新疆险恶政局之后，在电文中，毛泽民请求中央尽快拿出“挽救此间政治危机”之良策。

但纵然明知新疆的形势已经危险到了极点，党要制止盛世才反苏反共也“为我们力所不及”，毛泽民依然心无旁骛，以大局为重，继续留在新疆，与盛世才展开周旋和斗争，尽量维护中国共产党的利益。

1941 年后，随着国际和国内形势骤变，盛世才也加快了反苏反共的步伐，在新疆炮制了一系列所谓的“阴谋暴动案”，作为投靠蒋介石的“投名状”。

这年秋天，他面目狰狞地将反共矛头首先指向毛泽民，诬陷正在水磨沟养病的毛泽民在那里召开“秘密会议”，进行“阴谋活动”，并亲下手谕，要毛泽民立即离开水磨沟，另觅地方养病。

1942 年 3 月 19 日，盛世才的四弟盛世骐突然在家中被枪杀。盛世骐曾在苏联红军大学学习了5年，回国后担任盛世才精锐部队机械化旅旅长。由于受苏联教育影响，他思想进步，亲苏亲共，一直坚决反对盛世才“拥蒋反共”。盛世才深恐他对自己造成威胁，因而将他暗杀，却嫁祸共产党。

为了进一步嫁祸共产党，欺骗新疆舆论，盛世才暗中指使治安处处长李英奇，逮捕了思想进步的非党人士、时任财政厅厅长臧谷峰和教育厅厅长李一鸥等人。李一鸥在特务的严刑逼供与诱惑下，无中生有地编造出一个所谓的共产党密谋的“四一二阴谋暴动案”，诬陷民政厅厅长周彬（毛泽民）和田警备司令潘柏南（即潘同，中共党员）等人参加了在苏联总领馆召开的阴谋暴动的会议。同时，盛世才还在报刊上用笔名发表文章，发布捏造的材料，为其嫁祸苏联、迫害援疆中共党员大造舆论。

6月8日，陈潭秋向中共中央报告，新疆情况日急。盛世才对在新中共人员已全部不予信任，频繁调动中国共产党人员工作或给予撤职处理，并拒绝与他见面，对苏联亦表示冷淡，对蒋介石则日益妥协。陈潭秋提出，中国共产党在新人员应做好应变准备。

7 月 1 日，盛世才上书蒋介石，表示归诚国民党政府。随着蒋、盛秘密达成交易，盛世才已经没有丝毫掩饰地暴露出他“狼种猪”的真面目。

7 月 2 日，鉴于形势危急，已无法继续在新疆工作，毛泽民公开辞职。

9 月 7 日，中共中央书记处电告陈潭秋：远方（指共产国际）已来电报，说可送 55 个中共在新的工作人员于最近去彼方。

根据这一指示，陈潭秋迅速选定了先行撤离迪化的 55 人，并及时将名单电告中共中央。

这时，毛泽民已预感到可能产生的严重后果，在心中已暗暗下定决心，只要头没砍掉，就要与蒋介石、盛世才斗争到底！

陈潭秋无疑也已做好了最坏的准备，尽管他已安排好了撤离的计划，但这还需要时间。一天，他特意找到张子意交代说：“如果我被捕，这里的工作就由你负责了！”同时，他又叮嘱自己的妻子王韵雪，将中央发来的 10 万法币连同箱子一起交给张子意。

当天晚上，王韵雪请示了张子意后，烧毁了电报密码。

面对着坐牢和杀头的危险，毛泽民表现得异常冷静。早在走出韶山冲参加革命的那一天起，他就做好了随时为革命献身的准备。参加革命 20 多年，他曾多次面临生死考验，但每次都化险为夷。如今，面对又一次生与死的考验，他没有退缩，无所畏惧。

那天晚上，他和老战友方志敏的弟弟方志纯散步，一时情不自禁，握住方志纯的手说："为革命，你家牺牲了方志敏和好几个兄弟，我家牺牲了泽覃、嫂嫂和妹妹。我们一定要记住这深仇大恨，一定要对得起死去的先烈！"

方志纯这时也很激动，用力握着毛泽民的手，点了点头。

分手时，他又心情沉重地对方志纯说："看来，盛世才是不会放过我的。如果你今后有机会回延安，请转告毛泽东同志：我毛泽民无愧于是一个中国共产党员，无愧于是毛泽东的弟弟，也无愧于是毛泽覃的哥哥！”

令方志纯怎么也没想到的是，这晚的谈话，竟然是毛泽民与他的诀别！

1942年9月17日，就在蒋介石向盛世才颁发新疆省政府主席委任状的第二天，盛世才就迫不及待地向中共在新人员下毒手了！这天一大早，一群全副武装、荷枪实弹的军警特务分别冲进了毛泽民和陈潭秋等人的住所，声称督办要找他们去谈话。毛泽民和陈潭秋知道此去凶多吉少，就匆忙向留下的同志简单交代了工作，鼓励大家一定要团结对敌，要保持共产党员的气节，然后，与大家一一握别。

在遭到软禁后的第二天，陈潭秋便向盛世才递交抗议书，抗议新疆政府对中国共产党在新人员的无理迫害。

毛泽民也异常气愤，严正提出要与盛世才通电话。毛泽民拿起话筒，义正词严地痛斥道：“督办先生，我们都是被你邀请来新疆工作的，我们是抗日战士，你凭什么抓我们？你破坏抗日统一战线，蓄意制造反革命事件，人民是不会答应的！你

必须无条件释放我们！”

这突如其来的斥责，使盛世才颇有些胆战心惊，他支支吾吾，一时竟答不上话来，于是干脆掐断了电话。

毛泽民早就看透了盛世才凶恶、卑劣而又愚蠢的本性，一时怒不可遏，猛地把话筒砸到了地上。

党中央得知陈潭秋、毛泽民等人被捕的消息后，立即组织全力营救。中央书记处两次电示正在重庆的周恩来和林彪，要求重庆方面让盛世才释放徐杰（陈潭秋）等140多名中共在新人员，并准许他们经兰州、西安回延安。

但这时的蒋介石和盛世才已决心将反共进行到底，于是，蒋介石立即派出中统高级特务、中统局处长季源溥等3人审判团飞抵新疆，并明令：对于共党重要人员应判极刑。对于其他重要人员也应严惩。“务必肃清共党在新疆的力量。”

这就无异于宣判了陈潭秋、毛泽民等人的死刑！

3人审判团抵达迪化后，与盛世才的警务处处长李英奇等人一起，立即对陈潭秋、毛泽民等人轮番进行了一系列刑讯逼供，企图迫使毛泽民等人承认中共在新人员有“秘密活动”，要搞“武装暴动”，并迫使他们脱离共产党。

没想到，第一轮审讯过后，被捕人员中就出现了3个可耻的叛徒：刘希平、潘同和徐梦秋。在敌人的威吓和刑讯逼供下，这3个叛徒便痛哭流涕地写了笔供和脱党书。

敌人原不知道陈潭秋和毛泽民的真名，由于叛徒刘希平、潘同的出卖，中统特务机关知道了陈潭秋和毛泽民的真实身份，特别是毛泽民竟然是毛泽东的亲弟弟，这让他们喜出望外。于是，特务们对他们软硬兼施，要他们交代中国共产党的秘密，并脱离中国共产党，但陈潭秋和毛泽民都坚贞不屈。

在敌人面前，毛泽民大义凛然，斩钉截铁：“我们一家人，为了祖国，为了人民，为了革命，已牺牲了嫂嫂、弟弟和妹妹，你们逼我脱党是在做梦！”

李英奇原本就对毛泽民恨之入骨，这次在审

讯中就格外对毛泽民予以“特殊照顾”，他们先对毛泽民实施了打手板。为此，李英奇专门招募了一个施用此刑的打手，此人每打完一板子还要用板子在受刑者手上压一下，疼得毛泽民在受刑时咬破了下唇又咬烂了衣领，鲜血淋漓的双手竟然30多天都无法愈合。

打完40板子之后，见毛泽民还不“招供”，特务们又将他送到另一个刑室，将人靠墙吊起来，两臂平伸，吊在木杠上，脚尖刚能触及地面。两个大汉手挥特制的皮鞭，狠狠抽打他的大腿，每抽一下毛泽民就止不住全身一哆嗦，这就是特务们所说的“坐飞机”。就这样，凶残的特务们整天整夜想尽花样折磨着毛泽民，只要他一合眼，立刻就被烈性的化学药水阿姆尼亚（氨水）熏醒。

毛泽民在7天7夜之中所受的最后一种刑法是往胳膊上吊土块，也就是特务们所说的“挂炸弹”。特务们在悬在半空中的毛泽民身上不断加土块，直到毛泽民几次昏死过去还不罢休。

但无论遭受怎样惨无人道的酷刑，毛泽民始终坚贞不屈，绝不向敌人低头。

1943 年 9 月 27 日那晚，李英奇手持印有“盛世才”大红印章的杀人手谕，指挥几名刽子手，来到秘密关押陈潭秋、毛泽民和林基路等人的迪化小南门外天主教堂，几个刽子手凶神恶煞地手执棍棒和绳索守在号子门口。

这时，几个狱吏从号里带出几名头上蒙着黑布套的犯人，陆陆续续来到办公室门前。李英奇在门口，借着昏暗的灯光，挨个掀开看了看，算是“验明正身”，然后就谎称督办要问话，将人推入室内。

一进门，刽子手就照犯人头上狠狠打一闷棍，然后用绳索紧勒脖子。这就是盛世才所惯用的“无声杀人法”。

陈潭秋、毛泽民、林基路被杀害后，特务们将他们装入麻袋，扔上了一辆盖着帆布的卡车，偷偷拉到郊外埋在荒坡上……

盛世才将陈潭秋、毛泽民等人杀害，秘密埋葬后，一直不敢对外公布消息，直到中华人民共和国成立后，才逐步弄清了真相。

毛泽民就义时年仅 47 岁，正是人生年富力强、大有作为且一片丰收在望的最佳时节，但他却用自己宝贵的生命、崇高的信仰和永恒的坚守谱写了一曲令人荡气回肠、潸然泪下的天山壮歌！

毛泽民死了，死得是那样悲惨，却又那样悲壮！

毛泽民死了，但英烈虽逝，精神永存。

今天，烈士已长眠地下，但其为人民为新中国立下的不朽功勋，将永远受到后来人的怀念！他的英魂永在，丰碑永矗！

图书在版编目（CIP）数据

毛泽民 / 张树军主编；王相坤，丁守卫编著. --北京：学习出版社，2020.9（2021.5重印）

（中华先烈人物故事汇）

ISBN 978-7-5147-1012-0

Ⅰ.①毛… Ⅱ.①张… ②王… ③丁… Ⅲ.①毛泽民（1896-1943）—传记 Ⅳ.①K827=6

中国版本图书馆CIP数据核字（2020）第148157号

毛泽民

MAO ZEMIN

主编/张树军　副主编/王相坤　编著/王相坤　丁守卫

责任编辑：李　岩　朱仕娣　封面绘画：徐玉华
技术编辑：周媛卿　朱宝娟　内文插图：李承东
美术编辑：杨　洪

出版发行：学习出版社
北京市东城区崇外大街11号新成文化大厦B座11层（100062）
010-66063020　010-66061634　010-66061646
网　　址：http://www.xuexiph.cn
经　　销：新华书店
印　　刷：北京市密东印刷有限公司

开　　本：787毫米×1092毫米　1/32
印　　张：5.5
字　　数：78千字
版次印次：2020年9月第1版　2021年5月第2次印刷

书　　号：ISBN 978-7-5147-1012-0
定　　价：21.00元
